Wohnen zwischen drinnen und draußen

Johannes Kottjé

Wohnen zwischen drinnen und draußen

Wintergärten, Terrassen
und andere fantasievolle Refugien

Deutsche Verlags-Anstalt

Inhalt

Einleitung

So gern wir Mitteleuropäer uns auch häuslich einrichten, zieht es uns doch unaufhaltsam ins Freie, sowie die Witterung es zulässt. Abgesehen von Freizeitaktivitäten in der Natur, im Park oder im privaten Garten, wird auch das alltägliche Leben bei Sonnenschein vor den Kokon unserer geschützten Wohnräume verlegt: Nahezu jedes neu gebaute Einfamilienhaus verfügt über Terrassenflächen, Etagenwohnungen lassen sich mit vorgelagerten Balkonen deutlich besser vermieten.

Freibereiche, eigentlich schon im Garten, dennoch unmittelbar den Innenräumen des Hauses angegliedert, erfreuen sich also im deutschsprachigen Raum großer Beliebtheit – doch meist lassen sie sich viel zu selten nutzen! Mal regnet es den halben Sommer, mal helfen gegen sengende Sonneneinstrahlung und neugierige Nachbarn nur noch Schirme und Sichtschutzelemente – und ehe man sich versieht, ist man auf seiner Terrasse so eingehaust, dass man weniger vom Garten erleben kann, als säße man drinnen und schaute aus dem Fenster!

Eine Lösung dieses Dilemmas bieten uns »Wohnräume zwischen drinnen und draußen« – Räume zum Leben, bei denen die Grenze zwischen innen und außen verschwimmt und auf ideale Weise die Vorzüge von Innenräumen mit dem Genuss des Gartens kombiniert werden. Verglaste Wohnräume, überdachte Terrassen, sonnendurchflutete Wintergärten, intime Pavillons und geschützte Innenhöfe: Räume zum Wohnen, Arbeiten, Feiern, zum Spielen, Lesen und Relaxen, geschützt und geborgen wie in einem Innenraum und dennoch mit der Atmosphäre eines Freibereichs.

Doch wie stets in der Architektur: Durch reine Addition funktionaler Elemente entsteht noch keine Atmosphäre. Ein 08/15-Wohnraum mit möglichst großem »Loch in der Wand«, eine banal gepflasterte Gartenfläche mit Carport-ähnlichem Dach darüber, ein vor das Haus geklebter Glaskasten mit wuchtigen Kunststoffprofilen oder ein lieblos zwischen Fertighaus und Fertiggarage gequetschter »Innenhof« erzeugen keine räumliche Qualität, geschweige denn das Ambiente eines Lebensraums zum Wohlfühlen.

Neben der Gestaltung des jeweiligen Bereichs sind die Übergänge von entscheidender Bedeutung: Wie löst sich der geschlossene und umschlossene Raum nach außen hin auf? Verschwimmen optisch wie physisch die Grenzen zwischen drinnen und draußen, zwischen Raum und Freiraum, zwischen gefasstem Freibereich und offenem Garten? Und wie löst man überhaupt den scheinbaren Widerspruch zwischen fließenden Übergängen und klar definierten Grenzen? Die Beispiele in diesem Buch zeigen es – besser als es jede theoretische Betrachtung könnte.

Dabei ist jedes der vorgestellten Projekte so individuell wie die Anforderungen der unterschiedlichsten Bauherren – mit entsprechend individuellen Schwerpunkten, die sich im Wesentlichen in zwei Gruppen unterteilen lassen: Geht es darum, einem vom Ursprungsgedanken her als Freisitz geplanten Bereich ein Stück weit den Witterungsschutz oder die Intimität eines Innenraums zu geben? Oder entstand der Entwurf in der Absicht, einen Innenraum zum Gartenzimmer werden zu lassen?

Gelegentlich, insbesondere bei Wintergärten, findet der jeweilige Ursprungsgedanke seinen Niederschlag in der Ausstattung: So passen etwa Fliesenböden und massives Mobiliar eher zu einer als offener Innenraum intendierten Wohnhauserweiterung, Pflastersteine und leichte Korbmöbel eher zu einem Rückzugsort im Freien.

Vor allem wenn es um die Öffnung geschlossener Räume geht, führt die beabsichtigte Konsequenz schon mal über das Ziel hinaus: Für die Verbindung eines Wohnraums zum Garten ist weniger die Größe einer Glasfassade wichtig als vielmehr deren Ausdetaillierung, etwa durch schlanke Profile, schwellenlose Austritte und Übereckführung.

Ähnliches gilt für Wintergärten, deren Dach keineswegs zwangsläufig komplett aus Glas bestehen muss. Eine weitgehend geschlossene Dachscheibe mit selektiv angeordnetem Oberlicht tut's auch, kann architektonisch viel reizvoller sein und schützt sommers vor Überhitzung, winters vor allzu heftiger Wärmeabstrahlung. Ein solcher Wintergarten ist daher zu fast jeder Jahreszeit behaglicher als ein Wintergarten mit Ganzglasdach und somit eher als alltäglicher Aufenthaltsraum geeignet.

Bei Gartenpavillons kann der besondere Bezug zum Umfeld sogar gerade durch großflächiges Verschließen kommen: Kleine Fenster vermitteln hier bildhafte Ausschnitte des Gartens, die Rustikalität des Bauwerks und die Leichtigkeit der sparsamen Möblierung sorgen für Flair, der Weg vom Haus durch den Garten zum Pavillon, das Abstand-Gewinnen und das Wissen, nur durch eine dünne Außenhaut von der umgebenden Natur getrennt zu sein, vermitteln den Charakter eines »Raums im Freien«.

Welches Maß an Offenheit und Intimität, welche Art der Ausdetaillierung und Materialität oder wie starken Bezug zu Außen- oder Innenraum man selbst möchte – oder auch nicht möchte –, sollte man sich durch eigene Anschauung möglichst unterschiedlicher, ausgeführter Projekte bewusst machen.

Gartenraumterrasse

8

Berschneider+Berschneider, Pilsach

Ein Anbau bringt die Konsequenz mit sich, dass ein Stück Garten weichen muss. Dies muss jedoch keineswegs ein Nachteil sein, wenn dafür der verbliebene Garten durch die Architektur des Anbaus so sehr zum gefühlten Bestandteil des Innenraums wird wie in diesem Fall eines älteren Einfamilienhauses mit ursprünglich weitgehend geschlossener Sprossenfenster-Fassade.

LINKS Terrasse? Wohnraum? Wintergarten? Die Grenzen sind hier fließend, auch dank rahmenloser Verglasung, schwellenloser Übergänge und gemeinsamer Dachscheibe.
RECHTE SEITE Der Wechsel im Bodenbelag und die in Holz gefertigten Öffnungsflügel der Verglasung sind die augenfälligsten Merkmale des Wechsels zwischen Innen- und Außenraum.

Ob Wintergarten, verglaster Wohnraum oder überdachte Terrasse, ob Innen- oder Außenraum, so genau lässt sich das hier nicht definieren – zum Glück, denn unter der stellenweise durchbrochenen, rechteckigen Dachscheibe des eingeschossigen Anbaus, sich ein gutes Stück in den aufgebrochenen Altbau hineinziehend, findet sich ein Allraum, der die Vorzüge der genannten Bauformen perfekt kombiniert und somit hohe Wohnqualität bei jeder Witterung bietet.

Vom ersten Strich an nahm die Planung Rücksicht auf den bestehenden Garten und integrierte diesen in die gestalterische Gesamtsituation. Im Entwurf wurde so etwa auf einen besonders schönen Rhododendron Rücksicht genommen, der nun wie ein Bild im Wohnraum vor den Glasfronten steht.

Den Grundriss des Erdgeschoss entkernten die Architekten großzügig, um den Wunsch nach offenen und von Licht durchfluteten Räumen zu erfüllen. Die eliminierten Wände sind stellenweise noch an den hier eingezogenen Stahlträgern ablesbar. Wie der Stahl wurden auch die sonstigen, betont wenigen unterschiedlichen Materialien naturbelassen: Eiche als Akzent in Möbeln und Griffen, ein mineralischer Spachtelboden, der sich in lebendiger Struktur fugenlos durch den ganzen Grundriss zieht. Diese puristische Zurückhaltung lässt die jahreszeitlich wechselnde Farbenpracht des Gartens über die raumgreifenden Glasfassaden noch besser zur Geltung kommen.

Geschickt unterbrochen wird die Glasfassade von einem massiven Wandstück mit beidseits angeordneten Kaminen: Im Innern entstand hierdurch ein trotz aller Offenheit recht intimer Wohnbereich – von großem Vorteil gerade während kälterer Zeiten, wenn der Terrassenbereich nicht genutzt werden kann und der Garten je nach Witterung eher trist wirkt.

Von Anfang an gingen Architektur und Innenarchitektur Hand in Hand. Alle Einbaumöbel integrieren sich in die Wände. Farbe findet sich nur in bewusst gesetzten Akzenten und Flächen, beispielsweise in Nischen, deren Lichtfarbe sich nach Stimmung und Laune verändern lässt.

LINKS Auch die Küche wurde in das neue Raumkontinuum integriert.
UNTEN Ein Oberlichtstreifen entlang der geschlossenen Rückwand des neuen Wohnraums sorgt auch hier für Helligkeit.
RECHTS Im Zentrum des Raums steht ein offener Kamin, der auch die wesentliche Zonierung übernimmt.

Fotos: Markus Schrüfer, www.studio-b15.de

Zwischen Wasser und Himmel

SOLARLUX Aluminium Systeme GmbH, Bissendorf

Den Schwimmteich für seine Kois hätte der Bauherr am liebsten direkt in den Wohnbereich seines Hauses integriert, um seine wertvollen Zuchtkarpfen permanent beobachten zu können. So verband er die Neugestaltung des Gartens mit der Erweiterung der Wohnfläche durch einen großen Wohn-Wintergarten, um damit den nahtlosen Übergang zwischen dem Innenbereich und der Außenanlage möglich zu machen.

UNTEN Der großzügige Wintergarten wurde in den Winkel zwischen Wohnhaus (links) und Teich eingefügt.

RECHTE SEITE Dank der filigranen Dachkonstruktion und der breiten Glasfaltwand ist die Grenze zwischen Innen- und Außenraum hier kaum spürbar.

Dank einer Nutzfläche von immensen 80 Quadratmetern und einer relativ gut wärmedämmenden Konstruktion kann der Wintergarten heute vielseitig genutzt werden: als Home-Office ebenso wie zum geselligen Beisammensein in größerer Runde. Um bei schlechtem Wetter aus einem geschützten Raum heraus die wertvollen Kois in ihrem natürlichen Biotop beobachten zu können, wurde die Front zum Schwimmteich und Garten ausgerichtet und mit einer 6 Meter breiten, sechsflügeligen Glas-Faltwand ausgeführt. Sie lässt sich teilweise oder auch komplett zusammenfalten und seitlich parken.

Steht die Glas-Faltwand über die gesamte Breite offen, ergibt sich ein fast nahtloser Übergang zum Teich, der den Ausgangspunkt für die gesamte Planung bildete.

Um den Blick auf das Wasser weitgehend frei zu halten, wurde die Tragfähigkeit des Dachsystems durch eine Stahlverstärkung an der Traufe so weit erhöht, dass sich die Stützen variabel positionieren ließen und ungewöhnlich schlank und schmal konstruiert werden konnten. Auch die Sicht auf den 1,5 Tonnen schweren Olivenbaum, der mithilfe eines Autokrans in die Gartenlandschaft gehievt wurde, bleibt dadurch unverstellt.

Dank einer individuell geplanten Dachkonstruktion, bei der schlanke Zugstäbe und Edelstahlseile einen Teil der Lasten aufnehmen, konnten die tragenden Stahlprofile trotz großer Spannweite filigran gehalten werden. Der luftig-lichte Charakter des neuen Wohnraums wurde somit besonders betont, der Blick zum Himmel blieb ebenso nahezu uneingeschränkt wie der zum Teich.

Fotos: SOLARLUX

Innenhofterrassenwohnraum

14

baurmann.dürr Architekten, Karlsruhe

Innenhöfe sind typische Vertreter von Räumen zwischen drinnen und draußen. Im Unterschied zu Wintergärten oder überdachten Terrassen können sie jedoch in der Regel nur bei trockenem, halbwegs warmem Wetter genutzt werden.

LINKS Der Hof zwischen Wohnhaus und Schuppen wurde zum Wohnraum auf Gartenniveau überbaut.
RECHTE SEITE Ein Oberlichtband an der Nahtstelle zwischen Altbau und Wohnraum lässt auch heute noch den offenen Charakter des früheren Hofs erleben.

Ist dann auch noch der Wohnraum des Hauses zu knapp bemessen, bietet sich eine Lösung an, wie sie baurmann.dürr Architekten für ein älteres Selbstversorger-Siedlungshaus mit großem Garten fanden: Der Innenhof, hier einst nicht aus architektonischer Absicht, sondern aus der rein praktischen Kombination von Wohnhaus und Scheune entstanden, wurde überdacht und als neuer Wohnraum Bestandteil des Hauses. Der so entstandene Raum findet sich nach wie vor auf dem Niveau des Gartens. Er öffnet sich heute einerseits zum neu gestalteten Erdgeschoss mit Küche, Essplatz und Musikzimmer, typisch bauzeitlich ein halbes Geschoss oberhalb des Grundstücksniveaus gelegen, andererseits geht er niveaugleich in eine teilweise überdachte Terrasse über – dank vollflächiger Glasfassade optisch nahezu nahtlos.

Eine als verglastes Oberlicht gestaltete Fuge zwischen der geöffneten ehemaligen Außenwand des Altbaus und der geschlossenen neuen Flachdachfläche übernimmt heute nicht nur die Belichtung des Essplatzes, sondern trägt auch zum nach wie vor offenen Charakter des ehemaligen Innenhofs bei. Inwieweit dieser heute als Innen- oder als Außenraum wahrgenommen wird, haben die Bewohner auch selbst in der Hand: Die Glasfassade lässt sich bei Bedarf mit großen, dichten Vorhängen vollflächig verschließen oder über raumhohe Türflügel so weit öffnen, dass der neue Wohnraum noch intensiver zur Fortsetzung der überdachten Terrasse wird. Ein besonders gelungenes Detail ist das Treppenregal, das den früheren Innenhof mit dem heutigen Essplatz verbindet.

LINKS UND RECHTE SEITE Der Wohnraum löst sich über die überdachte Terrasse in Richtung Garten auf.

Fotos: Autor

Lifestyle und Kindheitstraum

baumraum, Andreas Wenning, Bremen

Moderne Baumhäuser wie die in diesem Buch vorgestellten sind kontrastreiche Kleinbauten: Sie verbinden Lifestyle mit Kindheitsträumen, vermeintlich archaisches Leben zwischen Baumwipfeln mit dem Komfort edler Innenräume, die natürliche Tragkraft eines Baums mit design-orientierter Architektur.

RECHTE SEITE OBEN Optisch waghalsig anmutend, ruht das Baumhaus auf vier V-förmig angeordneten Stahlstützen.
RECHTE SEITE UNTEN Im Innern wird die gewählte Ei-Form besonders deutlich. Sie verleiht dem kleinen Refugium Harmonie und Geborgenheit.
UNTEN Über Terrassen im Stil eines Schiffsdecks erreicht man das eigentliche Baumhaus.

Besonders kontrastreich gibt sich der hier präsentierte Entwurf: Die stilisierte Urform des Eis, Terrassen im Stile eines Segelschiffdecks und robustes Eichenholz wurden hier kombiniert mit kühl anmutender Zinkblecheindeckung des Dachs, einem Edelstahlwebnetz als Terrassenbrüstung und gestalterisch hervorgehobenen Acrylglaselementen. Die Assoziation eines auf der Seite liegenden Eis wird durch die Akzentuierung der Giebelflächen mit cremeweiß beschichtetem Acrylglas und die elliptisch geformte Fensterfläche weiter gesteigert, die Schubkastenvorderfronten im Innern bestehen aus Acrylglasflächen mit eingelegtem rötlichem Bambus.

Ein atmosphärisch wichtiges Detail ist die gerundete Glasfläche auf der vorderen Fassade. Es holt das Grün der Bäume in den ansonsten überwiegend weiß und in geölter Eiche gehaltenen Innenraum und gibt den Blick frei auf den tragenden Baum – ebenfalls eine Eiche, die die beiden Terrassen über Stahlseile und Textilgurte hält und die Windlasten des kleinen Hauses abfängt. Dessen vertikale Lasten ruhen auf vier V-förmig angeordneten Stahlstützen.

Fotos: Alasdair Jardine, www.jardinephoto.de

Gartenwohnraum

20

Garpa Garten- & Parkeinrichtungen, Escheburg bei Hamburg

Das eigentliche Wohnhaus mag noch so ansprechend gestaltet und eingerichtet sein, für viele Gartenbesitzer geht nichts über den ganz speziellen Charme eines Gartenhauses.

Rechte Seite Schon der Weg vom Wohnhaus zum Refugium im Garten ermöglicht es abzuschalten!
Unten Warme Holzoberflächen mit gerahmten Ausblicken in den Garten und optisch leichtes Mobiliar verbinden Geborgenheit und Offenheit in einem reizvollen Ambiente.

Ob als Ort zum Feiern oder geselligen Beisammensitzen, ob als Fitnessraum oder Rückzugsort zum ungestörten Lesen oder Arbeiten – Nutzungsmöglichkeiten gibt es viele und in jedem Fall liegt der Reiz nicht zuletzt im Abstand vom Haupthaus und der innigen Verbindung zum Garten.

Der gebotene Wetterschutz übersteigt dabei den einer überdachten Terrasse oder eines offenen Pavillons bei Weitem, selbst bei Gewitter kann der Aufenthalt in der Laube attraktiv sein.

Mit wärmegedämmten Holzständerwänden, Isolierglasfenstern und Zinkblechdach bietet das hier gezeigte Gartenhaus zudem noch mehr Komfort, als manches Wohnhaus vor wenigen Jahrzehnten bot! Als Gartenwohnraum lässt es den Garten von den ersten Sonnenstrahlen des Jahrs bis zum letzten gefallenen Blatt in geschützter Atmosphäre bei nahezu jeder Witterung erleben!

Fotos: Garpa

Wie ein wilder Vogel

k_m.architektur Daniel Sauter,
Bregenz/Lindau

Am Esstisch sitzen und sich fühlen wie ein wilder Vogel, der auf weiten Schwingen durch ein tiefes Tal gleitet. Auf der einen Seite schroff aufragende Felsformationen, auf der anderen tiefgrüne Wiesenabhänge: eine fantastische Vorstellung wie aus einem Tagtraum.

LINKS Weit kragt das Haus über den Hang.
UNTEN Trotz aller Modernität des Entwurfs, die üppige Verwendung von Holz sowie Zitate wie die Sitzbank vor dem Haus stellen ihn in die Tradition regionaltypischer Bauten.

Für die Bewohner dieses Hauses wurde sie alltägliche Realität: Bezieht sich bei den meisten Entwürfen in diesem Buch der nahtlose Übergang von Innen- und Außenraum jeweils auf räumliche Situationen, die begehbar und fühlbar sind, so ist hier der außenräumliche Anteil der wahrgenommenen Gesamtsituation lediglich mit den Augen zu erfassen – dafür jedoch umso spektakulärer! Der Bauplatz des neu errichteten Hauses findet sich an einem steilen Wiesenhang mit äußerst lockerer Bebauung mit grandiosem Blick über ein lang gezogenes, schmales Tal.

Anstatt, wie in solchen Situationen üblich, das Haus in den Hang hineinzubauen und sich die Blickmöglichkeiten über mal große, mal kleine, in jedem Fall jedoch rahmenartige Fenster ins Haus zu holen, tangiert der Entwurf von k_m. architektur seinen Bauplatz nur punktuell mit filigranen Stützen. Mit deren Hilfe wurden mehrere Ebenen aus Holz übereinander aufgeschichtet. Zwischen diesen Ebenen finden sich die Wohnräume des Hauses.

Diese geschlossenen horizontalen Flächen werden nur an wenigen Stellen von herkömmlichen Außenwänden ergänzt: Weitaus überwiegend finden sich kaum wahrnehmbare, raumhohe Glasfassaden, ein Stück weit zurück gesetzt hinter die äußeren Kanten der Plattformen. Etwas überspitzt ausgedrückt, beschränkt sich die Funktion der Glasfassade auf die Unterteilung in zwei unterschiedliche Temperaturzonen. Denn gleich, ob auf ihrer Innenseite oder auf der terrassenartigen Außenseite: Luftigeres, freieres Wohnen ist kaum denkbar!

Durch die Wahl ruhiger, homogener Holzoberflächen, sowohl für die Böden als auch für die Deckenuntersichten, entstand ein harmonischer Dreiklang aus rauem, kühlem Fels, wohltuendem Grün der umgebenden Natur und eben jenen warm anmutenden Holzoberflächen.

OBEN Der Blick über die zu Füßen liegende Landschaft ist faszinierend: Wer so wohnt, braucht keine Bilder und Accessoires!

Fotos: Architekten

Die Wohnraumloggia

24

SOLARLUX Aluminium Systeme GmbH, Bissendorf

Einerseits werden Balkone und Loggien vor Etagenwohnungen als besonderes Qualitätsmerkmal empfunden – andererseits verschatten sie den dahinter liegenden Wohnraum oft in unnötig hohem Maße und sind in manchen Fällen ohnehin nur bedingt nutzbar.

LINKS Während sich die Ausstattung des Raums als Neuinterpretation bürgerlicher Wohnzimmer vergangener Jahrzehnte gibt ...
RECHTE SEITE ... gibt die Fassade einen ungeteilten Blick frei, der jegliche Ausstattung zur Nebensache werden lässt.

Doch was spricht eigentlich dagegen, den Wohnraum als solchen so zu konzipieren, dass er sich bei Bedarf in Gänze zum »überdachten Balkon« oder zur »Loggia« umfunktionieren lässt? Möglich wird dies beispielsweise mittels einer Glasfaltwand, die großflächig in die Fassade integriert wird.

Nominell führt eine derartige Lösung zu einer Wohnung ohne Freibereich, de facto wird der gesamte Wohnraum zum Freibereich! Der alltägliche Nutzen dürfte höher sein als bei einem separaten Freibereich, Fragen wie »Lese ich die Zeitung auf dem Sofa oder draußen?« entfallen!

Gerade in exponierten Lagen und oberen Stockwerken sollte man allerdings die hier häufig auftretenden Winde berücksichtigen – nicht dass die aufwändige Konstruktion letztlich so selten geöffnet wird, wie manch ein Balkon genutzt wird!

Fotos: SOLARLUX

Ein verbindendes Möbel

Philipp Architekten GmbH,
Anna Philipp, Waldenburg

Die architektonische Verschmelzung von innen und außen mag in manchen Fällen noch so gelungen sein, spätestens beim Mobiliar gibt es oft einen deutlichen Bruch. Von dieser Regelmäßigkeit unbeeindruckt, entwarf Architektin Anna Philipp eine Küchentheke, die die Außengrenze des Wohnraums ignoriert und somit erheblich zur optischen Verbindung von Innenraum und Terrasse beiträgt.

LINKS Der eingeschossige Eingangstrakt entlang der Straße und der zweigeschossige Wohntrakt umschließen einen großzügigen Terrassenhof.
RECHTE SEITE Als gäbe es hier keine räumliche Grenze, durchstößt die Küchenzeile die Fassade. Auch die Sitzgruppe sorgt für einen Touch von Innenraumatmosphäre im Außenraum.

Links und rechts Der gesamte Wohnraum gibt sich zweiseitig offen, mit Blick auf den angrenzenden See, jedoch wurde der Ausblick bewusst rhythmisch unterteilt und auf größtmögliche Glasformate verzichtet.

Zwei nahezu vollständig geschlossene Wände fassen und definieren den schlichten, längsrechteckigen Wohnraum mit offener Küche. Eine wesentliche Besonderheit ist die integrierte Möblierung: Entlang der geschlossenen Längsseite wurde eine raumhohe Schrankwand angeordnet, die aufgrund ihrer glatten, weißen Fronten und ihrer Bündigkeit eher als Wandoberfläche wahrgenommen wird. Hier kommt alles unter, was üblicherweise in Kommoden, Wohnzimmerregalen und anderen, frei stehenden Möbeln eine Bleibe findet.

Die weitere Ausstattung des Raums konnte somit auf eine Sitzgruppe sowie einen großen Esstisch beschränkt werden – und eben jene markante Küchentheke, der aufgrund der ansonsten so minimalistischen Gestaltung zwangsläufig besondere Aufmerksamkeit zuteil wird. In Verbindung mit der an den beiden übrigen Seiten umlaufenden Glasfassade lässt sie den Wohnraum unbekümmert nach außen weiterlaufen – hier ohne definierte Begrenzung, zunächst über eine Terrasse, dann scheinbar endlos, bis über einen angrenzenden See.

Links Eine Küchentheke – zwei Essplätze!

Fotos: Victor Brigola, www.victorbrigola.com

Obstkisten

k_m.architektur Daniel Sauter, Bregenz/Lindau

Eine ästhetische, zugleich behagliche Wohnatmosphäre zu schaffen, kann so einfach sein: eine dörflich gelegene Streuobstwiese, zwei überdimensionale Holzkisten darauf gestapelt – fertig! Von entscheidender Bedeutung dabei ist freilich die gekonnte atmosphärische Verbindung der Wiese mit den Innenräumen.

LINKS Der Entwurf stilisiert zwei aufeinander gesetzte Obstkisten.
RECHTE SEITE Geschützt und in Ruhe den Blick über den zu Füßen liegenden Obstgarten genießen – »Ausspannen« kann man hier wörtlich nehmen!

Es ist die spannende Verbindung von sich unterschiedlich öffnenden Innenräumen mit unterschiedlich weit geschlossenen Außenräumen, die die Wohnarchitektur von Daniel Sauter auszeichnet. Eingehüllt in geradlinig-dynamische Holzfassaden von präziser Schlichtheit, bieten die Häuser aus dem Bregenzer Büro ein immer wieder aufs Neue faszinierendes Ambiente, das trotz auch im Innern weitgehend durchgängig gewählter Holzoberflächen – vom Boden über die Wände bis hin zu den Deckenuntersichten und Einbauten – alles andere als rustikal daherkommt.

So auch bei diesem Entwurf, der unweit des deutsch-österreichisch-Schweizer Dreiländerecks entstand: Als Bauplatz stand eine längsrechteckige, mit ihrer Schmalseite zur Straße orientierte Streuobstwiese zur Verfügung. Das von Sauter entworfene Wohnhaus setzt sich aus zwei unterschiedlich proportionierten Hauptvolumen zusammen: Im unteren Baukörper befindet sich straßenseitig zunächst eine große Garage mit angegliedertem Technikraum und Werkstatt. Nordseitig führt ein überdachter Zugang barrierefrei in den Eingangsbereich mit großer Garderobe und Treppe ins Obergeschoss. Von hier aus tritt man in einen auf zwei Seiten über die gesamte Länge raumhoch verglasten, offenen Wohnraum, eine Dreizonenabfolge aus Kochinsel, zentralem Essplatz und Wohnbereich, außenseitig durch umlaufende Terrassen erweitert. Der auskragende obere Baukörper überdeckt die Freibereiche, verschattet die großen Glasflächen und schützt somit das Gebäude vor sommerlicher Überhitzung. Im Winter hilft die tiefer stehende Sonne, Heizkosten zu sparen.

Über eine offene, einläufige Treppe gelangt man vom Eingangsbereich in das Obergeschoss. Den hier befindlichen, wie an einer Perlenkette aufgereihten Schlafräumen wurde ein ebenfalls überdachter, ums Eck verlaufender Balkon durchgängig vorgelagert. Das nach Osten orientierte Schlafzimmer der Eltern mit angegliederter Ankleide ist auf zwei Seiten raumhoch verglast und blickt direkt in die Baumkrone eines alten Apfelbaums. Der Erschließungsflur des Obergeschosses mündet an der westlichen Gebäudeschmalseite in eine tief in den Baukörper eingeschnittene Loggia.

RECHTE SEITE Kochen im Garten: Der Küchenblock bietet zweiseitig unmittelbaren Bezug zur Natur und Ausblick bei der Küchenarbeit.

LINKS Auch auf Ebene des Gartens bietet das Wohnhaus Refugien im Freien.

Fotos: Architekten

Sogeffekt

34

fabi architekten,
Regensburg

Ein Wohnhaus aus dem Jahr 1906 war durch diverse Umbauten in seiner ursprünglichen, klaren Form stark geschwächt worden und sollte nun wieder zu seiner originären, ausgewogenen Proportion zurückgeführt werden.

LINKS Gartenseitig wurde der Altbau um einen modernen Anbau ergänzt, der zwischen dem ursprünglich recht geschlossenen Wohnhaus und der anschließenden Streuobstwiese vermittelt.
RECHTE SEITE Assoziationen an einen Reißverschluss erweckt die auch über Kopf verglaste Fuge zwischen beiden Baukörpern.

Alte Fotos und Pläne dienten dabei als Vorlage. Bündig in der Fassade liegende Kastenfenster, glatte Biberschwanz-Deckung, Putzornamentik mit traditionellen Mustern und die sensible Verbindung von Bestandsbauteilen und neuen Einbauten prägen heute das restaurierte Haus. Neben der Sanierung des Altbaus stand eine deutliche Erweiterung der Wohnfläche auf der Wunschliste der Bauherren. Der gewünschte Anbau sollte sich klar vom Bestand absetzen, sodass die ursprüngliche Gebäudekubatur sichtbar blieb. Die gefundene Form der sensiblen, reißverschlussartigen Fügung zeigt den Neubau wie ein neues Familienmitglied – eigenständig, jedoch verwandt.

Blick vom neuen Gartenzimmer in Richtung Altbau.

Während die große Glasfassade für optisch nahezu grenzenlosen Übergang zum Garten sorgt, rahmt das seitliche Fenster einen Blickausschnitt und dient als Sitznische.

Der Kubus mit begrüntem Flachdach und einer Fassadenbekleidung aus geklebten, zementgebundenen Faserplatten und Ganzglasfenster erweiterte die Wohnfläche jedoch nicht nur um ein paar Quadratmeter baurechtliche Wohnfläche – sondern um einen kompletten Garten mit altem Obstbaumbestand! War dieser früher nur über einen schmucklosen Hintereingang mit dem Haus verbunden, ist er heute wesentlicher Bestandteil der wahrgenommenen Räumlichkeiten – der Anbau, quasi eine frontal völlig offene, seitlich jedoch geschlossene Röhre, saugt das Grün des Rasens, die markanten, verwachsenen Bäume, ein altes, halbverfallenes, aber gerade daher ästhetisches Bienenhaus förmlich ein!

Luftig und licht: Die Innenraumatmosphäre des Anbaus steht in gewolltem Kontrast zum Altbau.

Fotos: Autor

Eingeflochtene Freiräume

40

lynx architecture, Susanne Muhr, Volker Petereit, München

Es ist ein bedeutsamer Unterschied, ob Freibereiche dem Raumgefüge eines Hauses vorgelagert oder in dieses integriert werden – gleichsam als »offene Wohnräume«.

LINKS Ein Innenhof ergänzt die Wohnräume bei passender Witterung.
RECHTE SEITE Der Pool wurde hier unmittelbar vor dem Wohnraum angeordnet; im Winkel zwischen der daneben liegenden Terrasse und dem Wohnraum findet sich die Küche. Die Lärchenholzfassade lässt sich vor dem Obergeschoss bündig schließen.

Fotos: Gunter Bieringer, www.gunterbieringer.de

Gleich mehrere, unterschiedlich intime und offene Freibereiche wurden in das Raumkonzept dieses anspruchsvollen Einfamilienhauses eingegliedert: Ein nach Süden offenes Atrium stellt zusammen mit dem zentral gelegenen Essbereich quasi das Herz des Familienlebens dar. Auf der Ostseite des Atriums findet sich ein großer Wohnraum. Dreiseitig verglast, führt er die Offenheit des Atriums im Innern fort. Gartenseitig schließt unmittelbar ein Schwimmbecken an, daneben wurde eine Gartenterrasse angeordnet.

Zwischen dieser Terrasse, dem Wohnraum und dem Essbereich liegt die allseits offene Küche. Vom Küchentresen aus können so alle Bereiche überblickt werden. Ein Luftraum schafft eine vertikale Anbindung des Kochbereichs an das Obergeschoss, über ein Oberlicht fällt Tageslicht ein.

Im Obergeschoss findet sich vor dem Elternbereich eine blickgeschützte Dachterrasse, die über eine Außentreppe mit dem Atrium verbunden ist, somit den Kreislauf schließt und die Dynamik dieses Raumgefüges vollendet.

Gäste- und Wellnessbereich befinden sich im Souterrain. Ein nach Osten flachwinklig abterrassierter Tiefhof sorgt für Belichtung und Belüftung – von »Kellercharakter« keine Spur!

Interessant auch die mit vorvergrauten Lärchenlatten bekleidete, betont schlichte Fassade: Eigens entwickelte, elektrisch betriebene Faltschiebeläden, die sich vollkommen plan in die Fassadenoberfläche einfügen lassen, machen auf Wunsch aus dem sich weit öffnenden Wohnhaus einen verschlossenen, intimen Kubus.

LINKS Von der Küche aus kann man weite Teile des Hausinnern überblicken – dank des über ihr angeordneten Luftraums reicht der Blick sogar bis ins Obergeschoss. RECHTE SEITE Der Blick in den Wohnraum ist hier zwangsläufig mit dem Blick aus dem Wohnraum hinaus verbunden.

Eine große Geste

44

Bembé-Dellinger Architekten, Greifenberg

Das Verschmelzen von Innen- und Außenräumen kann umso spannender sein, wenn es auf einen ausgewählten Bereich begrenzt wird – so gehandhabt bei dieser Villa in einem Münchner Vorort.

LINKS Zur Straße gibt sich das Haus noch recht geschlossen. Nur der Eingangsbereich wurde beidseits der Türe raumhoch verglast.
RECHTE SEITE Während die Obergeschosse über durchgängige, aber nicht raumhohe Fensterbänder belichtet werden, wird die Küche dank vollflächiger, rahmenloser Verglasung zum Bestandteil des Gartens.

Unten Die Lage der Treppen ist von außen ablesbar.

Der Wohnraum im Erdgeschoss und die Schlafräume im Obergeschoss öffnen sich zwar über durchgängige Fensterbänder zum Garten hin, doch sind die Ausblicke durch Brüstungen und sichtbare Fensterstürze gerahmt und somit die Grenzen zwischen innen und außen auch optisch eindeutig definiert. Anders im Bereich von Küche und Essplatz: Hier wurde die Hülle des Hauses rigoros aufgelöst und eine kompromisslose Öffnung zur großen Terrasse und zum parkartigen Garten geschaffen, die diesen auch im Innern zum Bestandteil der Wohnatmosphäre werden lässt.

Das Gesamtkonzept des Entwurfs gibt sich als große architektonische Geste, die den überwiegenden Teil des Grundstücks

mittels eines eingeschossigen Baukörpers in Winkelform als von der Straße abgeschirmten Garten fasst. Die beiden langen, schmalen Schenkel des Winkels bieten die üblichen Erdgeschoss-Räume eines Einfamilienhauses – freilich allesamt ein wenig intensiver als gewöhnlich: Der in Nord-Süd-Richtung verlaufende Schenkel beinhaltet über seine gesamte Länge auf halber Tiefe das natursteinbelegte Entree, dessen Rückwand großformatigen Bildern und einem kleinen Bücherregal Platz bietet.

Oben und linke Seite unten Der mittlere, eingeschossige Trakt des Wohnhauses öffnet sich in Gänze zum Garten: links der Essbereich, rechts die Küche. Eine überdachte Terrasse mit offenem Kamin ergänzt die offenen Innenräume um einen geschützten Außenraum.

Fotos: Autor

Die gartenseitige Längsseite jenseits der Rückwand nimmt die nach außen vollflächig verglaste Küche ein, die übereck offen in den Essplatz übergeht. Der ebenfalls gartenseitig mit einer Glasfassade versehene Essplatz findet sich bereits im zweiten Schenkel des Winkels. Ein zweiseitig sichtbarer Tunnelkamin trennt ihn vom Wohnraum, der entlang der Gartenfassade eine fest installierte, durchlaufende Sitzbank bietet.

Oben »Sollen wir im Esszimmer oder auf der Terrasse frühstücken?« – diese Frage erübrigt sich hier beinahe!
Unten Der Eingangsbereich geht an seiner Stirnseite optisch in den Garten über.

Die gartenseitigen Glasfassaden des Erdgeschosses wurden vollflächig ausgeführt. Eine sichtbare Attika gibt es nicht, sie wird vom oberen Bereich der Glasfassade kaschiert. Die geschlossenen Bereiche der Erdgeschossfassade wurden mit einer hellen Natursteinbekleidung versehen. Abgesehen vom Eingangsbereich, wurden im Innern durchgehend massive, naturfarbene Eichendielen als Bodenbelag verlegt.

Rechte Seite beide Trotz zweiseitig umlaufender Verglasung gibt sich der Wohnraum im Vergleich zum Essbereich relativ geschlossen – ein sinnvoller Kontrast, der die Wohnqualität erhöht! Zwar gibt sich die Glasfassade von außen auch hier geschosshoch, doch belichtet der untere Teil über einen in die Sitzbank integrierten Lichtschacht das Untergeschoss.

Seite 50/51 Blick vom Essbereich zum Eingang, in Richtung Küche und auf die Terrasse.

Die neue Großzügigkeit

Peter Kuchenreuther,
Marktredwitz

Unter einem Wintergarten wird heute meist ein rundum verglaster Raum verstanden, der selbstverständlich auch ein Dach aus Glas hat. Dies war nicht immer so: In der Frühzeit des Wintergartens verstand man unter dem Begriff einen Anbau an das Haupthaus, der zwar an den frei stehenden Seiten über großzügig verglaste Fassaden verfügte, häufig jedoch mit gemauerter Brüstung und immer mit einem geschlossenen Dach. Anders wäre es vor 100 Jahren kaum möglich gewesen, da sich ein Glasdach zum einen mit den damaligen technischen Möglichkeiten kaum dicht herstellen ließ und zum andern Glas noch wesentlich teurer war als heute.

Ein »Gartenzimmer« im Wortsinn: Mit massivem Kamin, raumgreifendem Sofa und nahezu geschlossener Dachscheibe als Wohnzimmer alltagstauglich, fühlt man sich dennoch mitten im Garten!

Das Dach eines Wintergartens nicht oder zumindest nicht gänzlich in Glas auszuführen, kann jedoch auch heute ganz praktische Vorteile haben: Im Sommer dient ein geschlossenes Dach als Sonnenschutz und schützt vor Überhitzung des Raums, die ihn unwohnlich werden ließe, im Winter wird die massive Wärmeabstrahlung eines Glasdachs vermieden. Ein Wintergarten mit geschlossener Dachscheibe ist daher zu fast jeder Jahreszeit behaglicher als einer mit Glasdach und somit eher als alltäglicher Wohnraum geeignet. Diese Kombination aus Wintergarten-Feeling und alltäglicher Nutzbarkeit stand denn auch bei diesem Entwurf von Peter Kuchenreuther im Vordergrund.

Im Rahmen des Umbaus eines Zweifamilienhauses aus den 1960er Jahren zu einem Einfamilienhaus galt es, den nicht allzu großen Wohnraum der früheren Erdgeschosswohnung um ein großzügiges Element zu ergänzen. Anstelle der früheren Tür zwischen Wohnraum und Esszimmer findet sich heute ein offener Durchgang. Wenige Stufen unterhalb dieser beiden Räume wurde das Niveau des Wintergartens auf dem des umliegenden Gartens angeordnet. Über Wanddurchbrüche entstand ein Raumkontinuum aus drei nach wie vor als solche erkennbaren Räumen, das einerseits aufgrund des kleinteiligen Maßstabs Wohnlichkeit bietet, sich andererseits aufgrund der Durchlässigkeit zwischen den Räumen in Gesamtheit sehr großzügig gibt. Hierzu trägt insbesondere der neu angebaute Wintergarten mit seinen raumhohen Glasfassaden und seiner luftigen Höhe bei. Auf zwei Seiten des Anbaus werden die Glasfassaden in geringem Abstand von hohen Büschen und Bäumen flankiert. Von der Wahrnehmung her bilden diese den eigentlichen Raumabschluss. Auch architektonisch bot sich somit eine geschlossene Dachscheibe an, gewinnt der Raum doch gerade durch diese Kombination aus durchlässiger, natürlicher Begrenzung und geschlossener, baulicher besonders an Reiz. Um trotz des dichten umstehenden Baumbestands einen hellen, lichtdurchfluteten Raum zu erhalten, wurde in die Dachscheibe ein schmales Fensterband eingefügt. Die Dachfläche um dieses herum wurde extensiv begrünt. Dank eines monumentalen, offenen Kamins lässt sich der Wintergarten auch während der kühleren Jahreszeiten auf angenehme Temperaturen bringen.

Alter Strauch- und Baumbestand reicht bis unmittelbar an den Erweiterungsbau heran.

»Zwischen drinnen und draußen«: Im Hintergrund links der Essbereich im Inneren des Altbaus, rechts die Gartenterrasse außerhalb des Hauses – zwischen beiden Plätzen der neue Wintergarten.

Fotos: Autor

Gartenbühne

56

Döring Dahmen Joeressen
Architekten, Düsseldorf

Ein Haus nach außen hin zu öffnen oder sogar die wahrgenommenen Grenzen zwischen innen und außen durch einen Umbau auflösen zu lassen, muss nicht zwangsläufig zu weniger Privatsphäre führen. Intelligent entworfen, kann das Gegenteil der Fall sein.

LINKS BEIDE Eine Sichtbetonscheibe als Rückgrat des Erweiterungsentwurfs schirmte den Garten ab und ermöglichte eine zweiseitig völlig offene Wohnraumerweiterung sowie einen geschützt liegenden Terrassenhof.
RECHTE SEITE Die Wohnraumerweiterung wirkt fast wie eine überdachte Terrasse, so dezent fiel die Glasfassade aus.

Zwar öffnet sich das hier gezeigte kleine Siedlungshaus dank eines neuen, großteils verglasten Anbaus nun wesentlich offenherziger zum Garten – zugleich schirmt jener es nun jedoch wesentlich konsequenter zur Straße hin ab. Während den Bewohnern früher ein intimer Innenraum und ein fast öffentlicher Außenraum zur Verfügung standen, bietet sich ihnen nun ein Kontinuum nach wie vor recht geschlossener Innenräume, eines in den Garten diffundierenden neuen Wohnraums sowie eines nunmehr gefassten, privateren Außenraums.

Den zur Straße orientierten Rücken des angefügten Einraums bildet eine geschlossene Außenwand aus Sichtbeton, innenseitig gedämmt und mit Gipskarton bekleidet. Diese Wand und eine einzige Stütze bilden die Tragkonstruktion des Neubaus, sodass die Verglasung rahmenlos raumhoch und schwellenlos zum Außenraum konstruiert werden konnte. Prägnante Bilder an der Rückwand unterstreichen den bühnenähnlichen Charakter des neuen Raums zwischen Haus und Garten.

Ein feststehender, gitterartiger Sonnenschutz als Bestandteil des Entwurfs hält die hochstehende Sonne ab, außenliegende Lamellenjalousien bieten weiteren Schutz vor Überhitzung und ermöglichen das optische Schließen des Raums.

Fotos: Architekten

Stahlkubus mit Aussicht

NOVARON Architektur
Baumanagement Konzept,
Diepoldsau

Das Grundstück war schmal und mit wenig Grenzabstand zur Straße, doch mit unmittelbarem Anschluss an eine ländliche Umgebung und weiten Blickmöglichkeiten – insbesondere aus einer gewissen Höhe. Ein Kubus mit Dachterrasse und weiteren intimen Freibereichen war die Lösung.

LINKS Straßenseitig weitgehend geschlossen ...
RECHTE SEITE ... öffnet sich der zweigeschossige Riegel zum Garten über Einschnitte in den Baukörper.

Rein formal war die Bauaufgabe nicht ungewöhnlich: ein Wohnhaus für eine vierköpfige Familie mit integrierten Arbeitsräumen. Auch der Entwurf der Architekten von NOVARON ist rein formal nicht ungewöhnlich: ein zweigeschossiger Kubus, um gut 1 Meter angehoben, sodass ein natürlich belichtetes Souterrain entstand.

Dennoch ist das heute anzutreffende Ergebnis des Entwurfs höchst ungewöhnlich: Der lang gestreckte Baukörper erhielt eine vorgehängte Fassade aus rohen Stahlplatten, die in einem bunt-braunen Spektrum korrosiv-changierender Farbigkeit schimmern. Deutlich ablesbar geben sich die einzelnen Stahlplatten und lösen so die Massivität des gewaltigen Baukörpers optisch ein wenig auf.

Auf jeder der beiden Wohnebenen wurden Freibereiche in den Kubus eingeschnitten und stehen als überdachte Terrasse im Erdgeschoss und als Loggien vor den Schlafräumen im Obergeschoss zur Verfügung. Gerade aufgrund der Nähe zur Straße bieten sie nicht nur Wetterschutz, sondern auch ein hohes Maß an Intimität. Dieses bietet auch die Dachterrasse »on top«, von der aus man einen fantastischen Rundumblick auf das Rheintal genießen kann.

UNTEN BEIDE Ein über beide Geschosse reichender Lichthof vor Küche und Wohnraum lässt Blickbeziehungen zwischen beiden Ebenen zu.

Die Dachterrasse bietet einen Wohnraum unter freiem Himmel mit fantastischem Ausblick.

Fotos: Architekten

Das Außen im Innen

62

denzer & poensgen, Architektur
+ Innenarchitektur, Marmagen

Bautypologisch betrachtet gibt es zwei Arten von Innenhöfen: Die eine entsteht dadurch, dass ein oder mehrere Baukörper um einen Freibereich herum angeordnet werden, die andere durch Einschneiden eines Freibereichs in einen Baukörper. Insbesondere die zweitgenannte Art hat häufig den Charakter eines »Zimmers ohne Dach« – eines Bereichs, intim und geschützt wie ein Innenraum, aber luftig und offen wie ein Freibereich. Gleich zwei solcher Bereiche schnitten die Architekten in die Kubatur dieses Wohnhauses – als Bestandteile eines komplexen Raumgefüges.

LINKS Rückseitig öffnet sich das Haus über mehrere Ein- und Ausschnitte des Baukörpers.
RECHTE SEITE Der Innenhof ist als Bestandteil eines komplexen Raumgefüges ganz auf den Wohnraum bezogen. Dieser wiederum verfügt neben der Glasfassade zum Hof über kein weiteres Fenster.

Für den flüchtigen Betrachter wirkt der Bau von außen prägnant, aber unspektakulär und zurückhaltend: ein schnörkelloser Kubus, zusammengesetzt aus ablesbaren Sichtbetonscheiben. Bei näherem Hinsehen bemerkt man die harmonischen Proportionen der hellen »Betonkiste« und ihrer unregelmäßigen Öffnungen: Die Architekten proportionierten Fassaden und Innenräume durchweg nach den Regeln des Goldenen Schnitts, den bereits der römische Baumeister Vitruv beschrieb und der über Jahrhunderte hinweg zum gängigen Repertoire der Baukunst gehörte.

Doch so unprätentiös sich das Haus nach außen gibt, so vielschichtig zeigt es sich im Innern: Nach Betreten durch den quer durchs Erdgeschoss verlaufenden Erschließungsgang öffnet sich dem Besucher hinter den undurchschaubaren Betonwänden eine eigene, introvertierte Welt, deren Zentrum ein Atrium in Fortführung des inneren, sich in der Höhe über beide Geschosse erstreckenden Wohnbereichs ist. Ein Außenraum im Innenraum, geschützt vor Einblicken, allerdings auch ohne jede Ausblicksmöglichkeit – ein meditativer Ort, zugleich jedoch ein Freibereich ohne Bezug zum Freiraum; eine ganz spezielle Raumqualität!

Räumliche Qualität bietet auch die unmittelbare Verbindung beider Freibereiche des Hauses: Vom Innenhof aus gelangt man über eine einläufige Treppe unmittelbar auf die Dachterrasse vor dem Hauptschlafraum des Obergeschosses. Auch sie wurde in der Art eines Innenhofs angelegt und in den Baukörper geschnitten, öffnet sich jedoch partiell auch nach außen. An der dem Schlafraum gegenüberliegenden Seite offeriert sie einen kleinen Pool.

Neben der räumlichen Verwebung trägt die ungewöhnliche Materialität des Hauses zum Verschwimmen der Grenzen zwischen innen und außen bei: Sämtliche Wand- und Deckenoberflächen wurden ebenso in Sichtbeton gehalten wie die Fassaden, sämtliche Böden – sei es im Innern oder im Innenhof – wurden mit großformatigen, anthrazitfarbenen Steinplatten belegt. Lediglich die Dachterrasse erhielt einen Holzdielenbelag.

Vom Innenhof erreicht man über eine Außentreppe die Dachterrasse mit weitem Blick und Pool an der Schmalseite.

Fotos: Rainer Mader, www.rainermader.de

Brachflächennutzung

66

baurmann.dürr Architekten, Karlsruhe

Es ist ein typisches Problem vieler alter und neuer Einfamilienhäuser: Der Grundstücksstreifen zum Nachbargrundstück kann kaum sinnvoll genutzt werden. Als Gartenfläche ist er zu schmal, als Terrassenbereich zu nah am Nachbarn. So verkommt wertvolle Grundstücksfläche hier häufig zur reinen Abstandsfläche.

LINKS Loggia, verglaster Wohnraum, Innenhof: Innen- und Außenraum sind bei diesem Entwurf an mehreren Stellen verwoben.
RECHTE SEITE Der Innenhof nutzt als Erweiterung des Wohnraums geschickt den Bereich zwischen Haus und Nachbargrundstück, der oft weitgehend ungenutzt bleibt.

baurmann.dürr Architekten fanden eine intelligente Lösung für einen Neubau in der Pfalz, der das ohnehin recht schmale Grundstück auf voller Breite hochwertig nutzt. Da der Bebauungsplan nur eingeschossige Häuser mit Satteldach zuließ, die Bauherren aus Kostengründen aber auf einen Keller verzichten wollten, waren zudem auch die Flächen der Nebenräume ebenerdig auf dem Grundstück unterzubringen. Die Architekten zogen das Dach des Wohnhauses weiter über Garage und Schuppen und erreichten so straßenseitig eine Totalüberbauung des Grundstücks. Damit entstand anstelle eines Hauptbaukörpers mit kleinen Nebenbauten ein homogenes Gebäude.

Der straßenseitig linker Hand gelegene Schuppen nimmt nur etwa ein Drittel der Tiefe des Baukörpers ein. In Fortsetzung seiner grenzständigen Außenwand planten die Architekten eine mannshohe Mauer und legten in dem so entstandenen Innenhof eine ums Eck in den Garten weiterlaufende Holzterrasse mit Wasserbecken an. Dieses Gartenzimmer ergänzt den Wohn-/Essraum im Innern, mit dem es über eine durchgängige Glasfassade verbunden ist. Der gefühlte Gesamtraum umfasst somit drei Zonen und endet erst an der Mauer auf der Grundstücksgrenze.

Nicht nur, dass die gefundene Lösung mit ihrer intimen Terrasse gerade in der kleinteiligen Grundstückssituation eines Neubaugebiets eine ganz besondere Qualität bietet, es gelang hier zudem, sonst brachliegende Fläche einer hochwertigen Nutzung zuzuführen, die häufig von einer hinter dem Haus liegenden Gartenfläche abgeht.

Im Innern zoniert ein offener Kamin zwischen Ess- und Wohnbereich.

Die Terrasse zieht sich aus dem Hof
in den Garten und legt sich entlang
der Glasfassade um den Wohnraum.

Fotos: Stephan Baumann, www.bild-raum.com

Ein genialer Hauch von Nichts

Weber.Oertli.Architekt.in,
Küsnacht

Minimalistischer und zugleich offener lässt sich ein Raum nicht fassen: Nur die äußeren Kanten in Form schlanker, schwarzer Quadratrohre aus Stahl definieren heute ein räumliches Volumen, das sich im Winkel um eine Ecke des ursprünglichen Wohnhauses legt.

LINKS UND RECHTE SEITE Rein funktional nur ein Sonnenschutz, schuf die neue Pergola hier eine neue räumliche Situation vor dem Wohnhaus mit erheblich höherer Aufenthaltsqualität.

Ein Hauch von Nichts, rein funktional gesehen lediglich Traggerüst für drei horizontale Sonnensegel und zwei nach Süden orientierte Schiebeelemente – und dennoch von der Wahrnehmung her ein markantes Volumen, das von außen betrachtet das Haus rahmt, sich von »innen« hingegen als Raum zwischen drinnen und draußen gibt – eine Illusion freilich, doch eine Illusion, die Atmosphäre schafft und die Kombination eines Minimums an innenräumlicher Geborgenheit und eines Maximums an außerräumlicher Freiheit bietet!

So zurückhaltend sich die Pergola gibt, so abwechslungsreich wurde der eigentlich funktionale Teil des Entwurfs gehalten: Ein Dreiklang aus Holzdielen, Schotter und Betonsteinpflaster bildet den Bodenbelag und zoniert somit die Terrasse in unterschiedliche Bereiche.

Ein nur zunächst unscheinbares Projekt, das auf den zweiten Blick zeigt, wie genial einfach sich räumliche Qualität schaffen lässt.

Fotos: Architekten

Terrassenregal

k_m.architektur Daniel Sauter, Bregenz/Lindau

Wenn man so möchte, besteht dieses Haus nur aus überdachten Terrassen, verteilt auf mehrere Ebenen eines Rahmens, der wie ein in den Hang geschobenes Regal wirkt.

LINKS Die einzelnen Ebenen des Hauses wirken wie Terrassen, von denen lediglich ein großer Teil eingehaust wurde.
RECHTE SEITE BEIDE Vor der hangseitigen Stirnseite des obersten Geschosses entstand zwischen überdachter Terrasse, Pool und Saunahaus ein intimer, hofartiger Freibereich.

Zugegeben: Ein großer Teil jeder dieser Terrassen wurde mit Fassaden umhüllt und somit zum Innenraum. Jedoch: Gegenüber den äußeren Kanten des Regals wurden diese Fassaden an drei Seiten jeweils unterschiedlich, aber stets deutlich zurückversetzt, sodass umlaufende Terrassen entstanden. Und: Die Fassaden wurden großzügig verglast, sodass die Grenze zwischen nominellem Innenraum und übrig gebliebener Terrassenfläche wieder ein Stück weit aufgehoben wurde.

Tragender Rahmen dieses »Regals« ist eine weiß verputzte Struktur aus vier Pfosten an den Gebäudeecken, verbunden entlang der Kanten des kubischen Baukörpers, rückseitig überwiegend geschlossen mit einer bündig in der Tragstruktur liegenden, ebenfalls weiß verputzten Wandscheibe mit Fensterbändern. In diese Grundstruktur eingefügt wurden besagte Ebenen, deren horizontal mit Zedernholz bekleidete Brüstungen wesentlich zur eleganten Erscheinung des Hauses beitragen. Um beim Bild des Möbels zu bleiben, wären diese Ebenen gleichsam »Regalbretter«.

Der senkrecht zum Hang angeordnete Baukörper ruht auf einem parallel zum Hang orientierten Sockelgeschoss. Nach außen geschlossen und farblich abgesetzt, nimmt es den Eingangsbereich, Technikräume und die Garage auf. In der zweiten Etage sind die nach Süden orientierten Schlaf- und Kinderzimmer mit Bad untergebracht, die durch die umlaufende Terrasse miteinander verbunden sind und von hier auch unmittelbaren Zugang zum Garten haben. In der dritten Etage befindet sich ein offener Wohn-, Ess- und Kochbereich.

Die hier besonders großen Terrassenflächen am westlichen und östlichen Ende des Gebäudes bieten in ganz besonderer Weise das Ambiente eines Zimmers im Freien. Von hier aus hat man einen weiten Ausblick über die Altstadt, weite Teile Oberschwabens bis hin zum Bodensee sowie zu den Bergen der Schweiz und Österreichs. Die östliche Terrassenfläche verbindet gleichzeitig den Wohn-, Ess- und Kochbereich mit dem oberen Teil des Gartens, dem Schwimmbad und dem Saunahaus.

OBEN UND RECHTS Die straßenseitige Terrasse vor dem obersten Geschoss setzt den Wohnraum außerhalb der Fassade fort. LINKE SEITE Über ein Fensterband in der Nordfassade kann der Blick von der Küche aus weit in die Landschaft schweifen.

Fotos: Autor

Lichtraum

76

Früher war manches einfacher: Ein Wintergarten war ein Wintergarten, ein Wohnraum ein Wohnraum und eine Terrasse eine Terrasse. Und wenn der Bauherr eines Fertighauses alle drei als Bestandteile seines neuen Eigenheims wünschte, wurde schlichtweg additiv – und jeweils zum Aufpreis X – kombiniert – mit Architektur hatten die so entstandenen Ergebnisse oft wenig zu tun.

Beilharz Haus, Vöhringen

LINKS Der Entwurf gibt sich als klassischer Satteldachbau mit Lochfassade.
UNTEN In der offenen Küche zieht sich ein niedriges Fensterband ums Eck.

Nun haben sich einerseits die Entwurfsmethoden der Fertighausanbieter in den letzten Jahren deutlich gewandelt, andererseits wurden Wohnräume immer offener, während man bei Wintergärten zunehmend die Vorteile partiell geschlossener Fassaden und Dächer wiederentdeckte: drei Entwicklungen, deren Ergebnisse sich in diesem Hausmodell von Beilharz Haus widerspiegeln.

Entworfen von der Architektin und Firmeninhaberin Daniela Schweizer, nimmt der schlichte Satteldachbau zunächst den Typus des an den eigentlichen Baukörper angefügten Winter-

gartens auf und bietet so im gartenseitigen Annex dreiseitige Belichtung und das luftige Gefühl des den Raum umfließenden Gartens. Bei näherem Hinsehen jedoch erweist sich der vermeintliche Anbau als offene Fortführung des Wohnraums im Hausinnern: Die Giebelwand des Satteldachbaus wurde als Halt gebende Rückwand des Wintergartens weitergeführt, lediglich ein niedriges Fenster sorgt für die Wahrnehmung des dreiseitig offenen Raums. Zwischen dem Wintergarten und dem Wohnraum gibt es keine Nahtstelle – ein Allraum zwischen beiden Raumformen entstand, von der Architektin als Lichtraum bezeichnet.

Vor der gartenseitigen Glasfassade lädt eine niedrige Brüstungsbank zum Verweilen ein und sorgt zugleich für ein Mindestmaß an Privatheit. Im Winkel zwischen Lichtraum und Hauptbaukörper wurde eine Terrasse angeordnet – auch bei ihr verschwimmen die Grenzen, dank teilweiser Pergolaüberdachung wirkt sie als sich auflösende Fortsetzung des Lichtraums jenseits der Glasfassade.

OBEN Schrittweise öffnet sich der Wohnbereich zum Garten.

Fotos: Beilharz Haus

Kontrastprogramm

Einen Wintergarten in die Gesamtgestaltung eines neuen oder umgebauten Hauses zu integrieren, bietet auch die Chance, einen Raum mit kontrastierendem Ambiente zu schaffen: einen Raum, der sich ganz auf die umliegende Landschaft bezieht und sich in größtmöglicher eigener Schlichtheit von der Ausstattung der übrigen Räume des Hauses absetzt.

Weber.Oertli.Architekt.in, Küsnacht

UNTEN Der Wintergarten wurde in das gesamte Bauvolumen im ersten Obergeschoss integriert. Über ihm findet sich eine Dachterrasse.

RECHTE SEITE Betont schlicht gibt sich das Innere des Wintergartens – so kann der Ausblick besonders gut wirken!

In Formgebung und Grundrissgestaltung im Stil der Zeit, hat die Architektur von Barbara Weber und Bruno Oertli doch eine ganz eigene, spezielle, durchaus polarisierende Anmutung. Zurückzuführen ist dies bei dem hier vorgestellten Haus insbesondere auf die konsequent und unkonventionell durchgeplante Wahl charakterstarker Materialien, die zugleich konstruktiv wie oberflächenbestimmend eingesetzt werden – bestenfalls eine Lasur wird noch aufgetragen.

Zu nennen wären hier etwa durchgefärbte Holzwerkstoffplatten: anthrazitfarbige, zementgebundene Spanplatten um den Installationsschacht oder MDF-Platten als Treppenstufen. Daneben Sichtbetonflächen als Deckenuntersicht oder als grün

lasierte Treppenhauswand, oder der lediglich mit einer Feinspachtelung versehene Estrich als Fußboden. Auch filigrane Metallgitter finden sich mehrfach: so etwa als verschiebbarer Sonnenschutz auf der Dachterrasse, der die über dem See untergehende Sonne noch durchschimmern, aber nicht mehr blenden lässt, oder als Abtrennung zwischen den beiden Läufen der Innentreppe. Alles andere als alltäglich gibt sich auch die Fassade, deren in Brauntönen schimmernde Bekleidung aus punktgehaltenen Faserglasplatten besteht.

Wenn es so viel Ungewohntes für das Auge zu erkunden gibt, verwundert es nicht, wenn die Freibereiche betont schlicht ausgeführt werden und sich durch die Landschaft prägen lassen. Besonders gilt dies für den Wintergarten, der hier im ersten Obergeschoss in den Baukörper integriert wurde und außenseitig nur aufgrund seiner markanten Sichtbetonrahmung hervortritt. Die raumhohe Verglasung an zwei Seiten wurde filigran gerahmt und ist in einzelnen Elementen verschiebbar.

Im Kontrast zu den reichhaltigen sonstigen Oberflächen des Gebäudes wirken der Boden aus großformatigen Betonplatten und die rohe Sichtbetondecke fast schon karg – doch gerade aus diesem Kontrast bezieht der Raum seinen besonderen Reiz!

Fotos: René Rötheli

Bach und Bäume

80

baumraum, Andreas Wenning, Bremen

Dieses kleine, sympathische Refugium in Österreich wirkt ein wenig wie ein Wohnwagen auf Stelzen, der sich in Bäumen verfangen hat. Zugegeben: ein sehr hochwertiger Wohnwagen! Die skulptural anmutende, polygonale Kabine steht auf acht schrägen, konischen Stützen in 4,5 Metern Höhe.

LINKS Der Baum dieses Hauses wächst durch die vorgelagerte Terrasse.
RECHTE SEITE Das polygonale Baumhaus selbst ruht auf schlanken Holzstützen.

Außenseitig mit wetterfestem Baustahl bekleidet, ist das Innere komplett in Holz gehalten. Mehrere in den Gesamtaufbau integrierte Staufächer bieten im Verhältnis zum Bauvolumen großzügige Aufbewahrungsmöglichkeiten. Die ringsum angeordneten Sitzbänke lassen sich zu gemütlichen Liegeflächen ausziehen. Verglasungen in Dach und Boden lassen nicht vergessen, dass man sich zwischen Baumwipfeln befindet.

1 Meter unterhalb der Kabine findet sich eine große Terrasse, der nur die Zweige der Bäume als Wände und Dach dienen. Von hier aus angelt der Bauherr mit seinen Kindern Forellen aus dem unterhalb entlangfließenden Bach.

OBEN Der Weg zum Eingang führt durch die Wipfel der Bäume.
LINKS Intelligente Einbaumöbel, deren Prinzip man sonst eher aus Wohnwagen kennt, ermöglichen eine gute Nutzbarkeit des kleinen Innenraums.

Ein Bett für zwei, ringsum rauschende Zweige und durch die Blätter fallende Sonnenstrahlen ...

Fotos: Alasdair Jardine, www.jardinephoto.de

Scharf umrissene Leichtigkeit

studio lot Architektur/
Innenarchitektur, München

Solitäre Boxen, scheinbar lose eingestellt unter ein alles überspannendes, leichtes Dach – ein in den letzten Jahren beliebtes Entwurfskonzept für unterschiedlichste Bauten. Wohl in wenigen Fällen passt es allerdings so gut wie bei Pavillons im Grünen, die zumindest von ihrer Anmutung her den Eindruck beliebiger Mobilität und somit eines geringstmöglichen Eingriffs in die Natur erwecken sollen.

Nachts wird der »fliegende Charakter« des Dachs besonders deutlich.

Links der Aufenthaltsbereich, rechts die Schwimmbadtechnik: Arrangiert als zwei Kuben unter einem gemeinsamen Dach, dient der kleine Bau als privates Badehaus.

Der hier gezeigte Pavillon entstand in Ergänzung eines privaten Pools als anspruchsvolles Badehaus: Während ein kleiner Kubus die Schwimmbadtechnik aufnahm, bietet der in etwa 4 Meter Abstand unter demselben Dach angeordnete größere Kubus auf gut 20 Quadratmeter Fläche einen Aufenthaltsbereich mit offenem Kamin und Minibar, Umkleide und Toilette.

Beide Kuben schließen mit Glasoberlichten konstruktiv an das Dach an. Die flächigen Außenwände des Aufenthaltsbereichs sind großzügig verglast und können mittels Glas-Schiebetüren schwellenlos zum Holzdeck um den Pool geöffnet werden. Der Kubus und sein formaler Abschluss deutlich unterhalb der Dachscheibe blieben zwar scharf umrissen ablesbar, doch gibt die erzielte Transparenz dem kleinen Bauwerk eine zusätzliche Leichtigkeit.

Fotos: Architekten

Mobile Immobilie

Tausende Camper können nicht irren: Die Freizeit in einem kleinen Haus auf Rädern zu verbringen, ist etwas ganz Besonderes! Einerseits das Gefühl von Freiheit durch die – zumindest theoretische – Mobilität, andererseits das heimelige Geborgenheitsgefühl eines kleinen, flauschig eingerichteten Raums, für das sich selbst im angelsächsischen Sprachraum das Wort »Gemütlichkeit« etabliert hat.

Wohlwagen, Alex Borghorst, Göttingen

LINKS Der Wagen greift die Form historischer Zirkuswagen auf.
RECHTE SEITE Im vorderen Teil des Wagens lässt sich ein Schlafplatz für zwei einrichten – etwa als Gästezimmer.

Trotz meist kleiner Fenster ist man mit der Umgebung andererseits intensiv verbunden, nicht zuletzt aufgrund der Blickmöglichkeiten zu allen vier Seiten sowie aufgrund des Zeltgedankens im Hinterkopf.

Wer klassischen Wohnwagen weniger Stil abgewinnen kann, den Gedanken an eine mobile Behausung jedoch faszinierend findet, den könnte das Angebot einer kleinen Firma aus Niedersachsen ansprechen: Eher an einen klassischen Zirkuswagen erinnert das von Alex Borghorst entworfene Blockhaus auf Rädern namens »Wohlwagen«. Trotz theoretischer Mobilität eher als Immobilie gedacht, bietet der mittels ausfahrbarem Erker im Stand erweiterbare Innenraum auf insgesamt etwa 20 Quadratmetern wahlweise eine komplette Kleinwohnung samt Küche und Bad, einen charismatischen Büroraum oder eine Kombination von beidem dank Schrankbett und Klapptisch.

Eine zentrale Glasfassade, größer als sie manches Reihenhaus bieten kann, lässt Licht in das von Holzoberflächen geprägte Innere und vermittelt zwischen Innen- und Außenraum. Davor lädt eine Terrasse zum Verweilen ein.

LINKE SEITE Wird das auf der vorigen Seite abgebildete Bett hochgeklappt, steht bei Bedarf ein kleiner Arbeitsplatz zur Verfügung.

OBEN Im Heck findet sich die Küche mit einem heimeligen Essplatz.

Fotos: Fa. Wohlwagen

Nackt und naturverbunden

greive.diflo.kuckert_architekten. BDA, Münster

Saunieren beinhaltet traditionell Schwitzen in einem hermetisch geschlossenen und höchstens über ein kleines Fenster mit der Außenwelt verbundenen Raum und zwischenzeitliches Abkühlen im Freien – nackt und naturverbunden.

UNTEN UND RECHTE SEITE Dem klassischen Saunagedanken folgend, bietet das Gartenhaus auch im Innern einen engen Bezug zum Außenraum.
GANZ UNTEN Als zweiseitig verglaster Sichtbetonkubus scheint das Saunahaus über seinem Baugrund zu schweben.

All dies setzt der hier vorgestellte Entwurf eines privaten Saunahauses im Garten eines Einfamilienhauses im Münsterland in moderne Architektur um: ein zu vier Seiten nahezu hermetisch geschlossener, hier nur über besagtes kleines Fenster der Saunakabine im Innern geöffneter Kubus, der sich zu zwei Seiten über vollflächige Glasfassaden kompromisslos zum Freien öffnet – ausgeführt in »nacktem« Sichtbeton, naturverbunden, scheinbar schwebend zwischen alten Bäumen und rauen Natursteinen, mit unverbaubarem Blick über die angrenzende Landschaft.

Fotos: Architekten

Breit statt tief

Bembé-Dellinger Architekten, Greifenberg

Der typische Charakter vieler Reihen- und Doppelhäuser wird durch geringe Breite bei großer Gebäudetiefe bestimmt. Nicht nur die Raumproportionen im Innern, auch die Außenbereiche werden hierdurch maßgeblich beeinflusst. Die Architekten Felix Bembé und Sebastian Dellinger drehten drei Doppelhäuser gegenüber der Konvention in die Breite. Nein, nicht um 90 Grad – wenn schon pfiffig, dann richtig!

LINKS Eine partiell überdachte Terrasse vor dem Wohnraum ist Teil des Kontinuums diverser Außen- und Innenräume.
RECHTE SEITE OBEN Das Erdgeschoss der Doppelhaushälfte öffnet sich auf voller Breite über eine Glasfassade zum Gartenhof.
RECHTE SEITE UNTEN Zwischen Haus und Gartenpavillon findet sich ein dreiseitig umschlossener Sitzplatz.

An die Schmalseite von drei Haushälften auf rechteckigem Grundriss ließen Bembé und Dellinger jeweils einen in der Draufsicht trapezförmigen Baukörper anschließen, dessen Gartenfassade sich vom Nachbarn leicht abwendet. So sorgt nun nicht nur eine aus dem Grundriss heraus entwickelte Sichtbetonwandscheibe für Intimität, sondern auch die leicht unterschiedliche Ausrichtung zu den ansonsten gemeinschaftlich genutzten Gärten in Südlage.

Die nunmehr geringe Gebäudetiefe lässt die Sonne tief ins Hausinnere eindringen. Somit konnten die zum rückwärtigen Nachbargarten orientierten Nordfassaden nahezu gänzlich geschlossen werden. Lediglich einige Glasbausteine sowie satinierte Glasscheiben belichten die hier angeordneten Bäder und den Erschließungsbereich des Obergeschosses.

Zentrum der Familienhäuser ist jeweils die offene Wohnküche im Erdgeschoss. Durch die Einschnürung eines offenen Kamins abgetrennt, schließt ein kleiner Wohnbereich an. Vor dessen zurückversetzter Glasfassade findet sich eine überdachte Terrasse, die einerseits durch die Sichtbetontrennwand zum Nachbarn über ein massives Rückgrat verfügt, andererseits dank Glasfassaden und durchgehender Dachscheibe gefühlsmäßig dem Innenraum zuzuordnen ist, sich jedoch drittens zum Garten hin öffnet.

Der Gartenpavillon wurde als Musikzimmer im Freien eingerichtet. Im Unterschied zu klassischen Gartenhäusern wurde er an zwei Seiten vollflächig verglast.

Fotos: Autor

Heimelig geöffnet

Bembé-Dellinger Architekten, Greifenberg

Im gesetzlich definierten »Außenbereich« ist neu Bauen in Deutschland meist nicht zulässig. Existierende Gebäude hingegen genießen Bestandsschutz – Anreiz für manch einen Eigentümer, auch Gebäude zu sanieren, die sonst meist ersetzt würden. Zu welch charmantem Ergebnis dies führen kann, zeigt ein Ferienhaus am Ammersee.

LINKS UND RECHTE SEITE Wesentliche äußere Veränderung im Zuge der Sanierung war die optische Öffnung des kleinen Hauses zum traumhaft schönen Grundstück, das somit zum Bestandteil der Innenraumatmosphäre wurde.
SEITE 98/99 Neben dem Blick nach draußen bestimmen helle, warme Holzoberflächen das Innere.

Das kleine Häuschen hat eine bewegte Geschichte hinter sich: Vor über 100 Jahren als Bootshaus auf dem Ammersee errichtet, wurde es 1913 an Land geholt und stand am Ufer des Sees. Später landeinwärts transloziert, diente es während des Kriegs den Eigentümern als Behelfswohnung.

Nun hatte der Zahn der Zeit dem kleinen Bauwerk arg zugesetzt. Ein Ersatzbau wäre nicht genehmigt worden, somit entschieden sich Architekten und Bauherrin für eine Totalsanierung, beginnend mit einer vollständigen Entkernung und dem Ersatz aller morschen Teile der tragenden Holzkonstruktion. Das äußere Erscheinungsbild wurde anschließend wieder dem vorgefundenen Zustand angenähert, allerdings wurde der seeseitig unters flach geneigte Dach gezogene Fassadenrücksprung durchgängig geöffnet, die geschlossene Fassadenfläche durch eine Glasfassade ersetzt. Ähnlich wurde mit dem heutigen Eingangsbereich verfahren.

Mittels geschosshoher Schiebeläden entlang der Traufe lässt sich heute seeseitig ein der Wahrnehmung nach dem früheren Zustand entsprechendes Erscheinungsbild herstellen. Insbesondere jedoch dienen die Läden der Verschattung des heutigen Allraums im Innern. Dieser bietet einen Wohnbereich, eine offene Küche sowie eine Schlafkoje hinter Schiebetüren und in gleicher Flucht ein Bad, abgetrennt vom Hauptraum über feststehende, satinierte Glasscheiben und ebenfalls eine Holzschiebetür.

Sämtliche Oberflächen wurden in Holz und Glas gehalten. Für Wände, Deckenuntersichten und Einbauten fand Kiefernschichtholz Verwendung, der Boden wurde mit massiven, schmalen Dielen belegt.

Es entstand ein kompaktes Haus als wohltuender Rückzugsort, dessen Hauptraum durch die Begrenzung der Nebenfunktionen auf schrankartige, gering dimensionierte Einbauten größtmöglich belassen werden konnte. Durch die neu eingefügten Glasfassaden wurde der Bezug zum idyllischen Seegrundstück deutlich verbessert und der Erholungswert somit gesteigert, ohne dass der heimelige Charakter des Innenraums gänzlich verloren ging.

Fotos: Autor

Definierte Freiheit

100

SOLARLUX Aluminium Systeme GmbH, Bissendorf

Gerade bei der Verschmelzung von Innen- und Außenräumen haben entwurfliche Theorie und ausgeführte Konstruktion oft nicht viel miteinander zu tun: Ein plumpes »Loch in der Fassade« schafft noch lange keine räumliche Qualität, und wenn sich anstelle einer im Entwurfsplan hauchdünn gezeichneten, scheinbar nur aus Glas bestehenden Fassade letztlich ein Konstrukt voll wuchtiger Profile findet, ist der angestrebte nahtlose Übergang schon perdu, bevor noch der Glaser die erste Scheibe eingesetzt hat.

RECHTE SEITE Trotz durchgängiger, großer Fassadenöffnung löst sich der Innenraum schrittweise nach außen auf: Vordach, kleine Betonbrüstungen und Sonnensegel geben räumlichen Halt.

Wie ein fließender Übergang zwischen innen und außen gelingen kann, zeigt dieses Beispiel: Die Terrassenfassade vor dem Wohnraum lässt sich mittels einer Glasfaltwand nahezu vollflächig öffnen, dahinter bietet sich zunächst ein überdachter Bereich der Terrasse, bevor sich die Massivität der Bedachung über zwei leichte Sonnensegel auflöst. Zwei versetzt angeordnete, niedrige Betonbrüstungen definieren die Begrenzung des begehbaren Gesamtraums aus Wohnraum und Terrasse. Ein optisch identischer Bodenbelag homogenisiert Außen- und Innenraum.

Wird die Glasfaltwand zugeschoben, behält sie einerseits einen Großteil ihrer Transparenz, gibt dem Innenraum jedoch andererseits durch die dann regelmäßige, vertikale Unterteilung der Fensterfläche eine gewisse Intimität. Diese reversible Gliederung des Ausblicks und die dezente, aber doch exakte Definition eines bestimmten Raums durch die Betonbrüstungen in Verbindung mit dem gelungenen Verschmelzen von innen und außen und dem scheinbar unendlich weit schweifenden Ausblick befriedigen hier auf gekonnte Weise die scheinbar konträren menschlichen Bedürfnisse nach räumlicher Geborgenheit und räumlicher Freiheit.

Fotos: SOLARLUX

Denkmal und Lichtraum

Der – stilsichere – Anbau eines modernen Wintergartens an ein gedrungenes, historisches Bauernhaus ist keine leichte Entwurfsaufgabe. Unbedingt erforderlich: das nötige Fingerspitzengefühl für Maßstäblichkeit und farbliche Gestaltung des Anbaus!

SOLARLUX Aluminium Systeme GmbH, Bissendorf

RECHTE SEITE Durch Farbigkeit und Maßstäblichkeit passt sich die Wohnraumerweiterung dem historischen Altbau an. UNTEN Als Wohnküche eingerichtet, wurde der Wintergarten zum ganzjährigen Lebensmittelpunkt des Hauses.

Prinzipiell ist der Wunsch nach einem rundum verglasten Raum jedoch gerade bei einem derartigen Altbau verständlich: Während moderne Wohnhäuser oft über große Fensterflächen und somit helle Räume verfügen, fielen die Fassadenöffnungen gerade bei Häusern ärmerer Bauherren in vergangenen Zeiten meist äußerst klein aus. So charmant die Atmosphäre im Innern auch ist, auf Dauer wünscht sich heute manch ein Bewohner einen lichtdurchfluteten Gegenpol – etwa in Form eines Wintergartens.

Doch Standardlösungen können hier den gesamten Charakter eines Altbaus ruinieren. Eine durchaus harmonische Lösung fanden Bauherren und Planer dieses Entwurfs: Außer im

Bereich der in die Front eingelassenen Glasfaltwand wurde der transparente Anbau auf einen steinernen Sockel gesetzt, dem des Altbaus ähnlich. Die Maßstäblichkeit, insbesondere die Größen der einzelnen Gläser, wurde der historischen Fachwerkwand angepasst, außerdem wurde die Profilkonstruktion in einem Olivgrün gehalten, das den Anbau sowohl dem vorhandenen Gebäudeensemble als auch dem parkartigen Garten unterordnet.

Die Dachträger der Aluminiumkonstruktion wurden als stahlseilunterspannte, gelochte T-Träger ausgeführt, wodurch das Dach nicht nur besonders lichtdurchlässig, sondern auch optisch besonders leicht ausfiel.

Besonders wichtig war die ganzjährige Alltagstauglichkeit des 38 Quadratmeter großen Glashauses, wurde es doch von den Bauherren als neue Wohnküche eingerichtet: Im Sommer spendet der natürliche Baumbestand die notwendige Beschattung, die Glasfaltwand ermöglicht zusammen mit der seitlich eingebauten Terrassentür ein zügiges Querlüften. Dosierlüfter im Fußbereich der Faltwände unterstützen diese Frischluftzufuhr. Ein Kipp-Oberlicht sowie zwei Walzenlüfter im Dachbereich sorgen stets für einen behaglichen Luftaustausch. Im Winter erwärmt eine Fußbodenheizung den Raum.

Fotos: SOLARLUX

Halb Wohnraum, halb Garten

104

SOLARLUX Aluminium Systeme GmbH, Bissendorf

Einen Raum, um auch bei weniger gutem Wetter die Sonne einzufangen, wünschten sich die Bauherren, denn ihr Wohnhaus hatte einen entscheidenden Nachteil: Die Fenster des Wohnzimmers zeigten nach Norden. Sofern nun die Witterung den Aufenthalt im Garten nicht ermöglichte, saß die Familie im Trüben.

Links und rechte Seite Intention war hier nicht ein geschützter Außenraum, sondern ein sonniger Innenraum – mit entsprechenden Auswirkungen auf das gewählte Mobiliar.

Dementsprechend wurde der schließlich angebaute Wintergarten nicht – wie sonst üblich – mit seiner Breitseite ans Haus angefügt, sondern mit seiner Schmalseite, sodass die nach Osten und Westen weisenden Längsseiten möglichst viel Sonne aufnehmen können.

Besonders luftig wirkt der neue Wohnraum durch seine auf bis zu 4,40 Meter ansteigende Innenhöhe. Noch offener wird's bei warmer Witterung, denn dann lässt sich die Westseite auf ganzer Breite öffnen – Wohnraum-Feeling im Freien ist das Ergebnis. Dass hier der Ursprungsgedanke ein lichter Wohnraum und nicht etwa ein geschützter Freibereich war, lässt sich bereits an der Ausstattung des Wintergartens mit Fliesenboden und konventioneller Wohnzimmer-Sitzgruppe ablesen – zugleich ein eindrucksvolles Beispiel, welchen Einfluss die Möblierung auf den Charakter eines derartigen Raums »zwischen drinnen und draußen« hat!

Fotos: SOLARLUX

Cabriohaus

alexander frangoul architekten, Wangen

Es gibt Wünsche, die so außergewöhnlich sind, dass man sich in der Regel mit einem Kompromiss begnügen muss – es sei denn, man ist bereit, viel Zeit und Energie in eine individuelle Lösung zu investieren.

LINKS Weiter lässt sich ein Wohnhaus kaum öffnen: Während sich vor dem Erdgeschoss auf voller Breite eine durchgängige Glasfaltwand beiseiteschieben lässt, ermöglichen im Obergeschoss raumhohe Schiebeflügel den besonders intensiven Bezug zum Garten.

RECHTE SEITE So einfach lässt sich die Küche in den Garten verlegen!

RECHTS Auch bei geschlossener Glasfassade ist der Bezug zum Außenraum enorm.

Die in diesem Buch vorgestellten Wohnhäuser öffnen sich alle auf unterschiedliche Art zu Garten oder Landschaft, doch bei kaum einem der vorgestellten Entwürfe geschieht dies so kompromisslos wie bei diesem Wohnhaus des Architekten Alexander Frangoul: Auf 17 Metern öffnet sich nahezu die komplette Längsseite des Hauses über die gesamte Höhe des Erdgeschosses – ohne sichtbaren Sturz, ohne Bodenschwelle, ohne feststehende Fensterrahmen! Einzig drei ins Innere zurückversetzte Stahlstützen – kaum wahrnehmbar – tragen hier die Lasten ab. Doch was heißt hier »ins Innere«: Ist die Glasfaltwand erst einmal beiseitegeschoben, wirkt der Gesamtraum aus Wohnraum, Essplatz, offener Küche und gegenüber dem Gartenniveau leicht erhöhter Terrasse eher wie ein einziges Holzdeck zum Leben im Garten – teils überdacht, teils auch nach oben offen. Ein Haus wie ein Cabrio!

Zur Nachahmung kann ein derart kühner Entwurf freilich nur empfohlen werden, wenn es das Grundstück zulässt – oder man sich mit den Nachbarn aufs Beste versteht.

UNTEN Im völlig geöffneten Zustand wirkt das Haus samt vorgelagerter Terrasse wie eine Bühne.

Fotos: Architekten

Die Verbindung zweier Außenräume

Eine Röhre, die zunächst zwei recht verschiedene Außenräume verbindet und selbst je nach Bedarf zum Außen- oder zum Innenraum wird – so ließe sich das Konzept dieses Entwurfs zusammenfassen. Michael Viktor Müller und Sonja Starke, Planer und Bauherren in Personalunion, entwarfen für ein baumbestandenes Hanggrundstück an einem kleinen See einen kristallinen Baukörper als dreigeschossigen Wohnturm.

mvmarchitekt
+ starkearchitektur, Köln

LINKS Leicht erhöht, steht der kleine Wohnturm unmittelbar am See.
RECHTE SEITE Mitten in der Natur und mit Blick auf den See – wer braucht da mehr Wohnfläche?

OBEN UND UNTEN Wie eine durch den Baukörper geschobene Röhre zieht sich die dunkle Holzverkleidung von Boden, Decke und Seitenwänden durch das Obergeschoss.

Sowohl der Blick zum See als auch der umstehende Eichenwald sollten intensiver Bestandteil der Wohnatmosphäre werden. Die Architekten öffneten hierzu vorder- wie rückseitig die Erdgeschossfassade des homogen aluminiumbekleideten Hauses vollflächig und schoben – bildlich ausgedrückt – eine Röhre mit rechteckigem Querschnitt durch das Gebäude. Innen- wie außenseitig ist diese Röhre an der dunklen Holzbekleidung von Boden, Wänden, Deckenuntersicht und Fensterumrahmung ablesbar. Ihre offenen Enden wurden mit einer Glasfaltwand versehen, die sich bei entsprechender Witterung komplett öffnen lässt – der Innenraum wird dann zum überdachten Außenraum!

Oben und unten Der angrenzende Wald hat eine enorme Wirkung auf die Innenraumatmosphäre.

Im Innern wird das Geschoss durch scheinbar lose eingestellte Elemente zoniert: Küche, Abstellraum und Treppe, jeweils mit weißen Oberflächen im Kontrast zur dunklen Holzoberfläche stehend, unterteilen in »Seeblickraum« und »Eichenwaldraum«, freilich nicht ohne weiterhin gegebene Durchblickmöglichkeiten.

Fotos: Holzabsatzfonds, www.holzabsatzfonds.de

Blickintensivierung

114

Berschneider+Berschneider, Pilsach

Ein Split-Level-Hanghaus aus den 1960er Jahren. Größtes Manko: Der schönste Blick war durch die Dachschräge verwehrt. Den Abbruch eines Dachteils ersetzt nun eine markante, schwebende Glasbox. Sie erweitert den Wohnraum, ihre weitgehend transparenten Fassaden erscheinen als Panorama der umgebenden Landschaft.

LINKS Dass es sich ursprünglich um einen Split-Level-Bau mit Satteldach handelte, ist nicht mehr zu erkennen.
RECHTE SEITE Der Wohnraum schiebt sich heute als überdachte Plattform in den Garten.

Gleich in mehrfacher Hinsicht wurde somit durch den Umbau der Bezug zwischen den Innenräumen und dem Außenraum wesentlich intensiviert. Auch die in den übrigen Räumen neu angeordneten Fenster ohne sichtbare Blendrahmen tragen hierzu bei: Wie Wandgemälde holen sie das umliegende Grün häppchenweise ins Haus.

Um sich ganz auf die durch die Natur gebotenen Sinneseindrücke konzentrieren zu können und als Reminiszenz der ursprünglichen 1960er-Jahre-Architektur wurden die Innenräume betont schlicht gehalten und alle nicht weiß gestrichenen

RECHTS Über den Garten hinweg geht der Blick in die Landschaft.
UNTEN Gartenleben auf drei Ebenen: rundum frei auf der Terrasse im Vordergrund, geschützter auf der oberen Terrasse oder überdacht im neuen Wohnraum.

Fotos: Erich Spahn, erich.spahn@googlemail.com

RECHTE SEITE Selbst in der Badewanne hat man die Natur immer im Blick – neben sich und über sich!
LINKS Auch die obere Terrasse bietet weite Blickmöglichkeiten.

Oberflächen mit natürlichen, großflächigen Oberflächenmaterialien gefasst – zu nennen sind hier insbesondere die Böden aus Holz und Naturstein.

Details wie individuell entworfene Einbauten oder die harmonisch eingefügten Leuchten komplettieren das Konzept.

Ein gut nutzbares Gartenzimmer

Ein renoviertes Fachwerkhaus mit gerade mal 4 Metern Innenbreite, als offenes Split-Level-Wohnen organisiert, sollte um einen neu zu errichtenden Schlaftrakt erweitert werden. Wesentlicher Bestandteil des so entstandenen Gesamtensembles wurde ein großer Terrassenhof, der vom Fachwerkbau, vom neuen Schlaftrakt sowie von einer begrenzenden Mauer umschlossen wird. Entlang der vierten Seite wurde ein Schwimmteich angeordnet, dessen Oberfläche auf dem Niveau der Terrasse liegt.

Berschneider+Berschneider, Pilsach

OBEN UND LINKE SEITE Zwischen Terrasse und Garten wurde ein Schwimmteich angeordnet.

Der Blick von allen Räumen über Terrasse und Schwimmteich bietet Urlaubscharakter: zunächst ein großer Obstgarten, einige Stufen unterhalb der Terrasse gelegen, gefolgt von einer unverbaubaren Bachaue, dahinter die Kulisse der nahen Berge.

Puristisch, natürlich, fast schon roh geben sich die gewählten Materialien: gekalkte Eiche als Boden aller Räume und Material der Möbel des Schlafzimmers, weißer Putz, weiße Oberflächen der Einbaumöbel, wetterfester Baustahl – auch bekannt unter dem Markennamen Cortenstahl – im Außenbereich. Der Holzboden läuft übergangslos in der Terrassenfläche aus Thermo-Buche weiter. Dieser geht als Hülle über den Boden weiter um den anschließenden Schwimmteich und seine vertikale Umfassung.

Zwar sticht der Anbau gerade aufgrund seiner puristischen Formsprache und Materialität gegenüber dem Altbau hervor, lässt jedoch das zweigeschossige Fachwerkhaus mit Masse trumpfen. So entstand ein spannungsreiches Gesamtensemble, das durch die Anlage des Innenhofs als vielfältig nutzbares Gartenzimmer deutlich aufgewertet wird.

Gleichsam als Nebeneffekt stehen durch den Anbau nun alle wichtigen Wohnfunktionen auf einer Ebene zur Verfügung, wodurch das Ensemble für das Wohnen im Alter vorgerüstet ist.

Sonnendeck und regengeschütztes Gartenzimmer zugleich: Die große Terrasse bietet für jede Witterung Nutzungsmöglichkeiten!

Ob man sich gerade auf der Terrasse oder im Schlafzimmer befindet, macht optisch kaum einen Unterschied.

Fotos: Erich Spahn, erich.spahn@googlemail.com

Holzlege

Berschneider+Berschneider, Pilsach

Gleich ob privates Gartenhaus oder Nutzbau im öffentlichen Raum, oft stechen in Grünanlagen integrierte Kleinbauten optisch höchst unangenehm hervor: Mal »ziert« sie eine Fassade aus Blech, im verzweifelten Bemühen um Diskretion gelegentlich grün angemalt, mal sticht weiß gestrichener Beton einer Art Fertiggarage zwischen den Bäumen hervor und selbst in Holz gehaltene Exemplare wirken häufig störend, insbesondere wenn die Assoziation vom Schrebergarten explizit unerwünscht ist.

LINKS UND RECHTS Mittels markanter Metallfaschen setzen sich Fenster und Tür von der unkonventionellen Natur-Fassade ab. RECHTE SEITE Der kleine Nutzbau fügt sich wesentlich harmonischer in die Umgebung ein als konventionelle Vertreter dieses Bautyps.

In Form eines kleinen Pavillons schuf Architekt Johannes Berschneider ein sympathisches Beispiel dafür, wie sich ins Grüne zu integrierende Kleinbauten jeglicher Art höchst ansprechend und zugleich fantasievoll gestalten lassen. Konstruktiv gesehen handelt es sich um einen kleinen Holzbau, der als komplette Box in einer Zimmerei vorgefertigt und vor Ort in einem Stück auf die vorbereitete Bodenplatte gesetzt wurde. Im Innern sind denn auch rot lasierte Holz-Wand- und -Deckenflächen zu sehen, der Boden wurde als Sichtestrich ebenso schlicht gehalten.

Der Clou ist die Außenfassade aus gestapelten Ästen und Stämmen umliegender Bäume – wären nicht die Blechfaschen der kleinen Fenster, man könnte den Bau glatt für eine Holzlege oder einen nur vorübergehend aufgeschichteten Feuerstoß halten!

Genutzt wird der hier abgebildete Prototyp übrigens als Häuschen mit Toilette, oft eine der am ästhetisch unbefriedigendsten gelösten Bauaufgaben!

Linke Seite Ein Stapel aufgeschichteter Äste unter blühenden Bäumen!

Oben Die Innenoberflächen geben sich betont schlicht, das Spannende ist der gezielte Ausblick.

Fotos: Markus Schrüfer, www.studio-b15.de

Der wichtigste Raum des Hauses

RECHTE SEITE Vorhänge und halbhohe Brüstungen wahren die Intimsphäre.
UNTEN Der überdachte Vorbereich ermöglicht eine Nutzung bei jeder Witterung.

Thomas Gardener, Hamburg

Wenn früher in Finnland ein neues Haus gebaut wurde, errichtete man zunächst einen Saunaraum, der meist als externes Nebengebäude zu nahezu jedem Wohnhaus gehörte. In diesem Raum wurde die gesamte Körperreinigung vorgenommen – es war der reinlichste Bereich des Hauses, hier gab es heißes Wasser und hierhin gingen sogar die Frauen zur Geburt ihrer Kinder!

Heute sind Saunen meist ins Wohnhaus integriert – auch in Finnland, wo nach wie vor selbst zu Mietshäusern eine solche gehört. Häufig findet sich die Schwitzkammer in einem dunklen Kellerraum, was zwar praktikabel, aber nicht unbedingt dem mit dem Saunieren meist in Verbindung gebrachten Wohlbefinden förderlich ist.

Daher lohnt der Gedanke an ein traditionelles, externes Saunahaus, zumal allein der Gang aus den alltäglichen Wohnräumen durch die Natur des Gartens hin zu dem einem Ferienbungalow nicht unähnlichen Häuschen dem Abschalten und der Entspannung dienlich sein kann!

Der hier gezeigte Saunapavillon bietet einen überdachten Vorbereich zum witterungsunabhängigen Saunieren. Vor Blicken schützen die halbhohen Holzbrüstungen sowie helle Vorhänge. Das verwendete edle Rotzedernholz schmeichelt Auge und Haut und trägt somit zum Wohlbefinden bei.

Fotos: Thomas Gardener

Verwobene Komposition

Philipp Architekten GmbH,
Anna Philipp, Waldenburg

Vermeintliche Widrigkeiten können sich letztlich zur Grundlage für optimale Ergebnisse entwickeln. Gleich in zweifacher Hinsicht trifft diese Binsenweisheit auf den hier vorgestellten Entwurf des Teams um Anna Philipp zu: Wo heute ein modernes Atriumhaus steht, stand zuvor ein älterer Satteldachbau. Durchaus qualitätvoll, erwarben ihn die heutigen Eigentümer des Anwesens in der Absicht, ihn zu renovieren. Ein Wasserrohrbruch beendete dieses Vorhaben, bevor es richtig begann, und hatte den wirtschaftlichen Totalschaden des Altbaus zur Folge.

Links Als Wohnraum im Freien verfügt der Innenhof sogar über eine Küchenzeile! Hinter ihr findet sich auf der Innenseite der Fassade ebenfalls die Küche, rechts schließt der Wohnbereich an.
Rechte Seite Steht der alte Baum noch im Garten oder schon im Wohnraum? Die Grenzen sind hier fließend.

So kam es an dessen Stelle zum Bau des hier vorgestellten Hauses, das den Bedürfnissen und dem Lebensgefühl der vierköpfigen Eigentümerfamilie wesentlich mehr entspricht als der Vorgängerbau. Dessen Entwurfskonzept wurde geprägt von der ungünstigen Grundstückssituation: Schmal, aber tief geschnitten, wird das Baufenster an der südlichen Längsseite durch ein hohes Mehrfamilienhaus verschattet.

Für die Architekten stellte sich die Herausforderung, hier ein sonnen- und lichtdurchflutetes Haus zu planen, wie die Bauherren es sich vorstellten. So kam es zur Idee eines Atriumhauses, das aufgrund seiner partiellen Einschnürung erlaubt, die Fassade im Bereich der Einschnürung weit in Richtung Norden zu verschieben und somit im Süden möglichst viel Abstand vom verschattenden Nachbarhaus zu gewinnen. Hinzu kam die Möglichkeit, über die weiteren durch das Atrium gewonnenen Fassadenflächen Sonne und Licht ins Haus zu holen.

Aus dem Grundkonzept des Atriumhauses entwickelte sich eine verwobene Komposition aus Innen- und Außenräumen, die für jede Witterung und jedes Wohnbedürfnis einen Platz mit entsprechender Offenheit oder Intimität bietet.

In Fortsetzung des abgesenkten Eingangsbereichs zieht sich eine Sicht- und Erschließungsachse durch das gesamte Haus. An ihr folgt auf den geschlossenen Schlaftrakt die Küche, an die das Atrium als zugeordneter Essplatz anschließt. Lässt die Witterung eine solche Nutzung nicht zu, steht ein weiterer Essplatz im dritten Gebäudeteil zur Verfügung: der längsrechteckige, zum Garten hin orientierte Wohnraum, der die Grenzen zwischen außen und innen in seltener Konsequenz verschwimmen lässt. Während die durchgängige, auch noch leicht um die Gebäudeecken gezogene, raumhohe Verglasung dank filigraner Rahmen das Gefühl völliger Barrierefreiheit zwischen Innen- und Außenraum aufkommen lässt, sorgt das über die holzgedeckte Terrasse auskragende Flachdach für ein weiteres Verschwimmen der räumlichen Grenzen.

LINKS UND RECHTS Dank der an zwei Seiten übereck geführten Glasfassade ist der Bezug zwischen Innen- und Außenraum besonders intensiv.

Fotos: Autor

Dem Himmel so nah

134

baumraum, Andreas Wenning, Bremen

Umrahmt von hohem Bambus, schwebt dieser kleine Pavillon über einem flachen Teich eines Gartens in Münster. Die Besucher gelangen über drei im Wasser liegende Trittstufen aus Naturstein zwischen Seerosen zum Aufgang in der Mitte der Wasserfläche.

Rechte Seite Über dem Wasser schwebend, dem Himmel ein Stück näher – faszinierend, die filigrane Statik!

UNTEN Die Sitzbank an der einen Stirnseite lädt zum gemütlichen Lesen ein. Unter ihr bieten zwei große Schubladen Stauraum.

Zunächst erreicht man auf diesem Weg eine Terrasse aus dunklen Tatajubaholzdielen. Die auf vier Edelstahlstützen ruhende Plattform unterm Blätterdach lässt Alltagsstress rasch vergessen. Über einige Stufen und einen schmalen Catwalk erreichen die Bauherrin und ihre Freunde die wenig höher liegende Kabine.

Im lichtdurchfluteten Innenraum fällt den Besuchern zuerst das große, gewölbte Dachfenster auf, das sich fast über die gesamte Länge der hellen Liegefläche erstreckt und Himmel wie Blätterdach zum Bestandteil des Innenraumflairs werden lässt. Unter der gegenüberliegenden Bank bieten große Schubkästen Stauraum. Wände, Boden und Möbel sind aus weiß lasiertem Eschenholz und unterstreichen den edlen und zurückhaltenden Charakter des Innenraums.

Der gerundete Baukörper über der Mitte des Teichs hat eine Zinkblecheindeckung und schmale Lamellen aus Tatajubaholz an der Unterseite. Seine Lagerung auf acht asymmetrisch angeordneten Edelstahlstützen verlangt Besuchern ein gewisses Maß an Schwindelfreiheit ab. Große, gerundete Glasflächen an den Giebeln und zwei lange, schmale Fenster an den Längsseiten erhellen den Innenraum und lassen das Baumhaus leicht und transparent erscheinen.

RECHTE SEITE BEIDE Zwei Sitzplätze, zwei Liegeplätze, freier Blick in Himmel und Baumkronen – was will man mehr?

Fotos: Alasdair Jardine, www.jardinephoto.de

Ein Stück luftig beschirmter Außenraum

pos4 architektur/städtebau, Düsseldorf

Inwieweit man sich an einem Ort »drinnen« oder »draußen« fühlt, hängt nicht zuletzt von den erlebbaren Materialien, der Belichtungssituation und der Maßstäblichkeit der räumlichen Umgrenzung ab. Tendenziell fühlt man sich umso weniger in einem Innenraum, je weiter, höher und lichtdurchfluteter ein Raum ausfällt. Und rohe, naturbelassene Materialien, unter Umständen sogar leicht patiniert, erinnern uns eher an bewitterte Freiräume als an edle Oberflächen, bei denen man sogar schon Sorge vor möglichen Fingerabdrücken hat.

LINKS Die alten Werkstatttore prägen nach wie vor das Bild der Fassade.
RECHTE SEITE Wäre nicht die 5 Meter hohe Glasfassade, man würde kaum einen Unterschied zwischen Innen- und Außenraum erkennen.

Fotos: Michael Reisch, www.michaelreisch.com

Die Verbindung all dieser Faktoren trägt beispielsweise dazu bei, dass in älteren Nutzbauten wie Scheunen oder Lagerhallen keine vollwertige Innenraumatmosphäre aufkommen mag – der enge Bezug zum Außenraum bleibt selbst bei geschlossenen Toren latent spürbar. Beim Umbau eines derartigen Nutzbaus in ein Wohngebäude kann man diesen Umstand ganz bewusst in den Entwurf integrieren, jene Atmosphäre weitgehend erhalten – typisch für den Wohntypus Loft.

In der Art eines Lofts erfolgte auch diese Umnutzung eines 1917 erbauten Werkstattgebäudes zu einem Wohnhaus: Bei einer Raumhöhe von bis zu 6 Metern wurde das Innere als Hülle aufgefasst, in die neue Elemente eingestellt wurden. Partiell wurde eine Zwischendecke eingezogen, unter dieser finden sich Küche und Essplatz, auf ihr Schlafzimmer und Bad. Den überwiegenden Teil nimmt der Wohnraum ein, dessen Höhe der Gebäudeinnenhöhe entspricht.

Oben Die rohe Ziegelwand prägt den Wohnraum maßgeblich.
Ganz oben links Schlafplatz und Bad wurden auf der eingezogenen Galerie angeordnet.
Ganz oben rechts Von der Badewanne blickt man durch eine feststehende Glasscheibe hinunter in den Wohnraum.
Rechte Seite Der Charakter des Werkstattgebäudes ist nach wie vor erkennbar.

Von großer Bedeutung für den außenräumlichen Anteil am Charakter des Raums sind die unverputzt gebliebene Innenseite der alten Backsteinaußenwand und die vollflächige Verglasung der früheren Toröffnung, vor der die alten, 5 Meter hohen Eisentore noch heute zu finden sind. Kombiniert wurde dies mit einer Epoxydharz-Bodenbeschichtung, auch bekannt als »Industriefußboden« – sie unterstreicht nochmals die ursprüngliche Funktion des Gebäudes und somit die Atmosphäre eines Innenraums, der eigentlich eher wirkt wie ein Stück luftig beschirmter Außenraum.

OBEN Die halbseitig eingezogene Ebene unterteilt vertikal in Essküche und Schlafraum …

RECHTE SEITE … die sich beide nach außen hin in gleichem Maße wie der Wohnraum hinter dem anderen Tor öffnen.

Anhang

Kontaktdaten

baumraum
Dipl.-Ing. Architekt Andreas Wenning
Roonstraße 49
28203 Bremen
Seite 18–19, 80–83, 134–137

baurmann.dürr Architekten
Hirschstraße 53
76133 Karlsruhe
www.bdarchitekten.eu
Seite 14–17, 66–69

Beilharz GmbH & Co. KG
Rosenfelder Straße 100
72189 Vöhringen
www.beilharz-haus.de
Seite 76–77

Bembé-Dellinger Architekten
Im Schloss
86926 Greifenberg
www.bembe-dellinger.de
Seite 44–51, 92–99

Berschneider+Berschneider
Architekten + Innenarchitekten BDA
Hauptstraße 12
92367 Pilsach/Neumarkt
www.berschneider.com
Seite 8–11, 114–127

denzer & poensgen
Architektur + Innenarchitektur
Zum Rott 13
53947 Marmagen
www.denzer-poensgen.de
Seite 62–65

DÖRING DAHMEN JOERESSEN ARCHITEKTEN
Hansaallee 321
40549 Düsseldorf
www.ddj.de
Seite 56–57

fabi architekten BDA
Glockengasse 10
93047 Regensburg
www.fabi-architekten.de
Seite 34–39

alexander frangoul architekten
Isnyer Straße 17
88239 Wangen
www.frangoul-architekten.de
Seite 106–109

Garpa Garten- & Parkeinrichtungen
Kiehnwiese 1
21039 Escheburg
www.garpa.de
Seite 20–21

greive.diflo.kuckert_architekten.BDA
Hamburger Straße 2
48155 Münster
www.architekten-gdk.de
Seite 90–91

k_m.architektur
Architekt DI Daniel Sauter
Glockengieße 2
6900 Bregenz/Österreich
Hochbucher Weg 58
88131 Lindau
www.k-m-architektur.com
Seite 22–23, 30–33, 72–75

Dipl.-Ing. Architekt BDA Peter Kuchenreuther
Markt 14
95615 Marktredwitz
www.kuchenreuther-architekt.de
Seite 52–55

lynx architecture
Susanne Muhr, Volker Petereit
Zieblandstraße 25
80798 München
www.lynx-a.com
Seite 40–43

mvmarchitekt + starkearchitektur
Dipl.-Ing. Architekt BDA Michael Viktor Müller
Dipl.-Ing. Architektin Sonja Starke
Mauritiussteinweg 72
50676 Köln
www.mvm-architekt.de,
www.starke-architektur.de
Seite 110–113

NOVARON Architektur Baumanagement Konzept GmbH
Bitziweg 2
9444 Diepoldsau/Schweiz
www.novaron.ch
Seite 58–61

Philipp Architekten GmbH
Schloss Waldenburg
74638 Waldenburg
www.philipp-architekten.de
Seite 26–29, 130–133

pos4 architektur/städtebau
Prinz-Georg-Straße 126
40479 Düsseldorf
www.pos4.de
Seite 138–143

SOLARLUX Aluminium Systeme GmbH
Gewerbepark 9–11
49143 Bissendorf
www.solarlux.de
Seite 12–13, 24–25, 100–105

studio lot Architektur/Innenarchitektur
Konventstraße 60
84503 Altötting
Entenbachstraße 35
81541 München
www.studiolot.de
Seite 84–85

THOMAS GARDENER GmbH & Co. KG
Quellental 15
22609 Hamburg
www.thomasgardener.de
Seite 2, 128–129

Weber.Oertli.Architekt.in
Höhenstraße 28
8700 Küsnacht/Schweiz
www.weber-oertli.ch
Seite 70–71, 78–79

Wohlwagen
Alex Borghorst
Walkemühlenweg 14
37083 Göttingen
www.wohlwagen.de
Seite 86–89

FSC
Mix
Produktgruppe aus vorbildlich bewirtschafteten Wäldern und anderen kontrollierten Herkünften
Zert.-Nr. SGS-COC-001425
www.fsc.org
© 1996 Forest Stewardship Council

Impressum

Verlagsgruppe Random House FSC-DEU-0100
Das für dieses Buch verwendete FSC-zertifizierte Papier *LuxoSamt* liefert Sappi, Biberist, Schweiz.

1. Auflage

Abbildung Seite 2: Thomas Gardener, Hamburg
Satz und Layout: Monika Pitterle/DVA
Gesetzt aus der The Sans Light und The Mix Semi Light
Lithographie: Helio Repro, München
Druck und Bindung: Mohn media, Gütersloh
Printed in Germany
ISBN 978-3-421-03753-4

www.dva.de